部下育成の教科書

リクルートマネジメントソリューションズ
山田直人・木越智彰・本杉健

ダイヤモンド社

この本の特徴

**ビジネスパーソンには「段階」というものがあり、
段階に合わせた育成方法がある**

新人、中堅、ベテラン社員、それぞれに合った育成ができる

▼

部下がどの「段階」にいるのか測る「ものさし」がある

段階と育成方法は、業種や職種を問わず普遍性がある

▼

「ものさし」を使うと、次の3つができるようになる

❶ 仕事の割り当てができる

新人、中堅、ベテラン社員、それぞれに合わせた仕事の任せ方が分かる

❷ 良し悪しが伝えられる

どんなときにほめたり叱ったりすればよいのかを、見極めることができる

❸ 部下の支援ができる

タイミングの合った、的確な支援ができるようになる

▼

すべての部下が成長し、あなたの仕事がラクになる
大きな成果が出せるようになり、あなた自身も成長できる

さっそく始めましょう！

はじめに

言われたことしかやらない新人、中堅社員の伸び悩み、個人プレーが目立つベテラン社員etc.なぜ「部下育成」はうまくいかないのか

あなたの職場では、「部下育成」はうまくいっていますか。……「うまくいっていない」という人がほとんどではないでしょうか。

実際、「部下育成」に関する次のような悩みが、現場マネジャーから寄せられます。

・今年配属された新人は、ちょっと厳しく言うと、すぐにやる気をなくしてしまう
・バランスがよい「いい子」は多いけれど、なかなかもう一皮むけない中堅が多い
・自分の担当する仕事のことしかしない。もっと後輩の面倒を見てほしい
・自分より経験の長いベテラン部下が、これまでの考え方ややり方を変えてくれない
・自分自身、異動してきたばかりで、一人ひとりの能力をよく分かっていない

思い当たる節があるのではないでしょうか。

うまくいっているマネジャーたちが、共通して行っていた「ある法則」

では、なぜ部下は思うように育ってくれないのでしょうか。

ひと言で言えば、職場における部下の能力やキャリアがバラバラな中で、**それぞれの部下の成長段階に合った育成や指導ができていない**という点に問題があるのです。

ここで少し、私たちの自己紹介をさせてください。私たちが所属するリクルートマネジメントソリューションズは、人材育成や組織開発などを事業の柱としています。人材育成のトレーニングは年間1900社の企業から、約14・8万人の受講者にご参加いただいています。トレーニングプログラムには、様々な対象やテーマのものがありますが、特にマネジメント・リーダーシップ開発のプログラムを中心にしています。

さて、多くの企業にトレーニングプログラムを提供する中で、マネジャーの効果的な部下指導・育成には、ある「共通点」が見えてきました。

うまくいっているマネジャーは、部下の成長段階をきちんと捉え、その「段階」に合わせた仕事の任せ方、経験の積ませ方、仕事のプロセスでの関わり方を意図的に行っていたのです。

新人には新人、入社3年目の若手には若手、中堅社員には中堅の、効果的な育成方法があります。にもかかわらず、同じ「一般社員」や「部下」というくくり方で、皆同じように指導・育成しようとしてしまう。もっと言えば、新人以外の部下には特に意図的な育成はしていないというマネジャーも少なくありません。こうした状況が、「一皮むけない中堅」を生んでいたのです。

「段階」に合わせた部下育成は、業界や職種を越えた共通性がある

我々は、企業で働くビジネスパーソンにインタビュー調査を行い、研究を深めました。驚くことに、「段階」と、それに合わせた「育成方法」は業種や職種を越え、共通性が高いことが分かってきたのです。それは言わば、部下の成長段階を捉え、指導・育成する際の「も

のさし」と言ってもよいのではないでしょうか。この「段階」が後ほど紹介する、**「ビジネスパーソンの10のステージ」**というものです。

・部下には段階がある
・段階に合わせた育成方法がある
・段階と育成方法は業種や職種を問わず普遍性がある

この3点を押さえた上で、今それぞれの部下がどの段階にいるのか、そしてどういった育成方法が有効なのか、もっと具体的にどんな言葉がけや仕事への期待をかければいいのかなどについて、本書では分かりやすく掘り下げていきます。

今日では、多くのマネジャーがマネジメント業務だけでなく自らもプレイング業務を持っています。そうした、時間的な余裕の少ない多忙なマネジャーであればこそ、この「ものさし」を活用して、適切なタイミングでの声かけや、フォローが行えるよう、部下育成の方法を獲得していただきたいと願っています。

部下に合わせた任せ方と育て方を実践することができれば、個々人の生産性が高まるだけでなく、職場全体の生産性が高まることにもつながっていきます。任せ上手・育て上手のマネジャーとその職場は、さらに一段高いステージへとステップアップしていくことでしょう。

本書の構成

本書は、5つの章から構成されます。これから本書を読み進めていくときの見取り図としてご覧ください。

まず1章では、部下の実力を見極めるための段階（ステージ）という考え方を紹介します。部下にとっての適切な仕事を任せ、部下を育てていくためには、相手の「現状」を正しく把握することが大切です。ここでは、ステージを「部下の成長度合いを見るものさし」として活用する方法を説明します。

2章では、部下のステージが一段上がる転換プロセスを説明します。ステージの変わり目は、部下にとっては成長のチャンスであるとともに、停滞のリスクもある時期です。ここでは、部下のステージが変わるプロセスを理解し、部下の成長を支援する際の、マネジャーの関わり方を解説します。

3章では、部下のステージ別に転換プロセスを支援する育成のポイントについて言及します。個々のステージに合わせて、マネジャーはその関わり方を具体的に調整していく必要があります。本章では、4つのステージごとに、マネジャーが部下に、どんな仕事を与え、どんな関わりをすればよいか実例を交えながら説明します。

4章では、部下同士がお互いのステージ転換を支援し合う職場作りの考え方を紹介します。マネジャーが部下一人ひとりを育成していくコツをつかんだら、次は部下同士のコミュニケーションを活性化させることがテーマになります。ここでは、部下同士がお互いに育成し合うためのマネジメント手法について説明します。

最後の5章では、マネジャー自身のステージについて紹介します。マネジャーも、一人のビジネスパーソンです。今後、自らも次のステージの変わり目に直面することもあるでしょう。ここでは、マネジャーがこれから歩むステージと、その転換プロセスを説明します。

本書が、皆さんのマネジャーとしての成功・成長の一助となれば幸いです。

部下育成の教科書・目次

2章

「変わり目《トランジション》」こそが部下育成のチャンス

3章

ステージ別に部下を育てる

4章 ステージ別育成をチームに取り入れる

5章

マネジャー自身の「この先」のステージ

1章

「ものさし」を使って部下を育てる

部下に任せたくても任せきれない現実

皆さんは、業績を上げるだけでなく、部下を育成することも自分の仕事であると、頭では理解していることでしょう。そして、部下を育てるためには、部下に仕事を任せるのが一番の方法だということも分かっていると思います。

しかし、「部下に仕事をどんどん任せて育ってもらいたい」と願いながらも、現実には思いどおりにはいきません。実際には、様々な部下がいて、マネジャーと部下との関係は難しいものになっています。

たとえば、部下にとってよい成長の機会になると思って挑戦的な仕事を与えてみたら、「そんな難しい仕事はできません！」と尻込みしてしまう部下がいます。部下は、失敗を恐れて、「自分には無理だ」とあきらめてしまっています。

このようなことは、仕事よりもプライベートの充実を重視する若手に多く見られるようです。プライベートを犠牲にしてまで仕事に没頭することをよしとしない価値観を持つ部下は、仕事の面白さや醍醐味を経験する前に、一歩引いてしまうのです。

この尻込みは、実はマネジャーの補佐役であるベテランメンバーにも見受けられます。「次期マネジャー候補」として職場運営に積極的に参加することを望むものの、マネジャーになりたがらないベテランメンバーがいるのも現実。当の本人は「そこまでの責任を負いたくない、今のポジションで満足だ」と思っていることが多いのです。

それでも部下に任せないと、マネジャーは疲弊するばかり

職場全体を眺めても、マネジャーにとって辛い状況が見えてきます。日々多忙な職場では、一人ひとりが自分の仕事に集中するあまり、お互いにサポートし合う時間的な余裕が（心理的な余裕も）なくなりやすいものです。こうした職場では、多くのマネジャーはまだ十分な力をつけていない新人や若手へのサポートに時間を費やす一方で、中堅社員やベテランメンバーには目が行き届かなくなりがち（放置状態になりがち）です。結果として、部下同士でサポートし合おうとする関係性はますます希薄になり、孤軍奮闘の職場になって

いきやすいのです。

このような状況において、マネジャーは「部下に仕事をどんどん任せて育ってもらいたい」と思いつつも、「誰に仕事を任せたらよいだろうか？」「どのように任せればうまく育つのか？」と迷ってしまうのも無理はありません。

最も辛いのは、「もう部下には任せられない。自分でやるしかない」と追い込まれることです。実際、優秀な部下にすでにかなりの仕事を任せていてパンク状態に近づきつつあるし、他の部下は新しい仕事をやりきれるかどうか分からないという状況下では、「自分でやったほうが確実で早い」と思ってしまうこともあります。

しかし、マネジャーが自分でやってしまう限りは、「いつまでも楽にならない、部下が育たない」という状況は続く一方。やはり**マネジャーが目指す道は、「部下に仕事をどんどん任せて育ってもらう」しかない**のです。

「ものさし」を使って任せ上手になる

マネジャーの理想は、「部下にとって難しい仕事を任せ、何とか最後までやりきることによって部下自身が成長する」ということでしょう。

では、どうすればそのような理想の状態を作り出すことができるのでしょうか。

日々忙しい職場の中で、マネジャーが実際に取り入れることができるのは、部下一人ひとりに対して**任せるときのポイント・育てるときのポイントを明らかにしておくこと**です。たとえば、新人や若手に任せる仕事とベテランメンバーに任せる仕事は異なりますし、指導する際の内容や伝え方も変わってきます。

マネジャーにとっての実践的かつ有効な方法は、「どの部下にはどのような任せ方(育て方)をするのがよいか」という、**「ものさし」を持っておくこと**です。

「ものさし」を使って部下を育てる

部下を見る「ものさし」として**「ビジネスパーソンの10のステージ」**を紹介します。

一人ひとりに合った育て方をすると言っても、何でもかんでも相手(部下)によって育て方を変えていたのでは時間も労力もかかるでしょうし、その育て方が適切かどうかも分かりません。また、たとえば叱られながら厳しく育てられたマネジャーは、同じように部下を叱って育てようとしがちです。逆に、比較的自由にのびのびと育てられたマネジャーは、同じように部下に裁量を与えて任せて育てようとします。しかしそれがどんな部下にも通用するとは限りません。

これから紹介するのは、**どんな業種や職種であっても使える共通の「ものさし」**です。これを部下育成の道具として活用することができれば、それぞれの部下に合った育て方をスピーディーに見つけ出すことができるでしょう。まずはこの「ものさし」を理解し、あなたの職場で実際に使ってみることから始めましょう。

ビジネスパーソンには、10のステージ（段階）がある

ではさっそく、「ビジネスパーソンの10のステージ」を見てみましょう。

あなたの部下である一般社員層のメンバーには、次の4つの段階があると言えます。段階が上がるにつれて、担う役割も広がっていきます。

一般社員層：4つのステージ（段階）

①スターター（Starter／社会人）：ビジネスの基本を身につけ、組織の一員となる段階

②プレイヤー（Player／ひとり立ち）：任された仕事を一つひとつやりきりながら、力を高める段階

③メインプレイヤー（Main Player／一人前）：創意工夫を凝らしながら、自らの目標を達成する段階

④リーディングプレイヤー（Leading Player／主力）：組織業績と周囲のメンバーを牽引する段階

今日の多くの日本企業では、管理職層（マネジメント層）と言っても、直属の部下を持ち組織の成果を上げる役割を負うマネジャーと、直属の部下は持たずに高い専門性を発揮し成果を上げる役割を負うスペシャリストがいます。あなた自身にも当てはまる「部下を持つ管理職層」には、次の4つの段階があります。

マネジャーとして部下を持つ管理職層：4つのステージ（段階）

⑤マネジャー（Manager／マネジメント）：個人と集団に働きかけて、組織業績を達成しながら変革を推進していく段階

⑥ダイレクター（Director／変革主導）：対立や葛藤を乗り越えながら、変革・改革を起こし、組織の持続的成長を実現する段階

⑦ビジネスオフィサー（Business Officer／事業変革）：戦略的な資源配分を通じて、自ら描いた事業構想を実現する段階

⑧コーポレートオフィサー（Corporate Officer／企業変革）：社会における自社の存在意義を絶えず問い直し、自社の針路を決める段階

高い専門性の発揮が期待されている部下を持たない管理職層にも、次の2つの段階があります。

スペシャリストとして部下を持たない管理職層：2つのステージ（段階）

⑨エキスパート（Expert／専門家）：高い専門性を発揮することを通じて、組織業績と事業変革に貢献する段階

⑩プロフェッショナル（Professional／第一人者）：卓越した専門性を発揮することを通じて、事業変革に道筋をつける段階

ビジネスパーソンには、10のステージがある

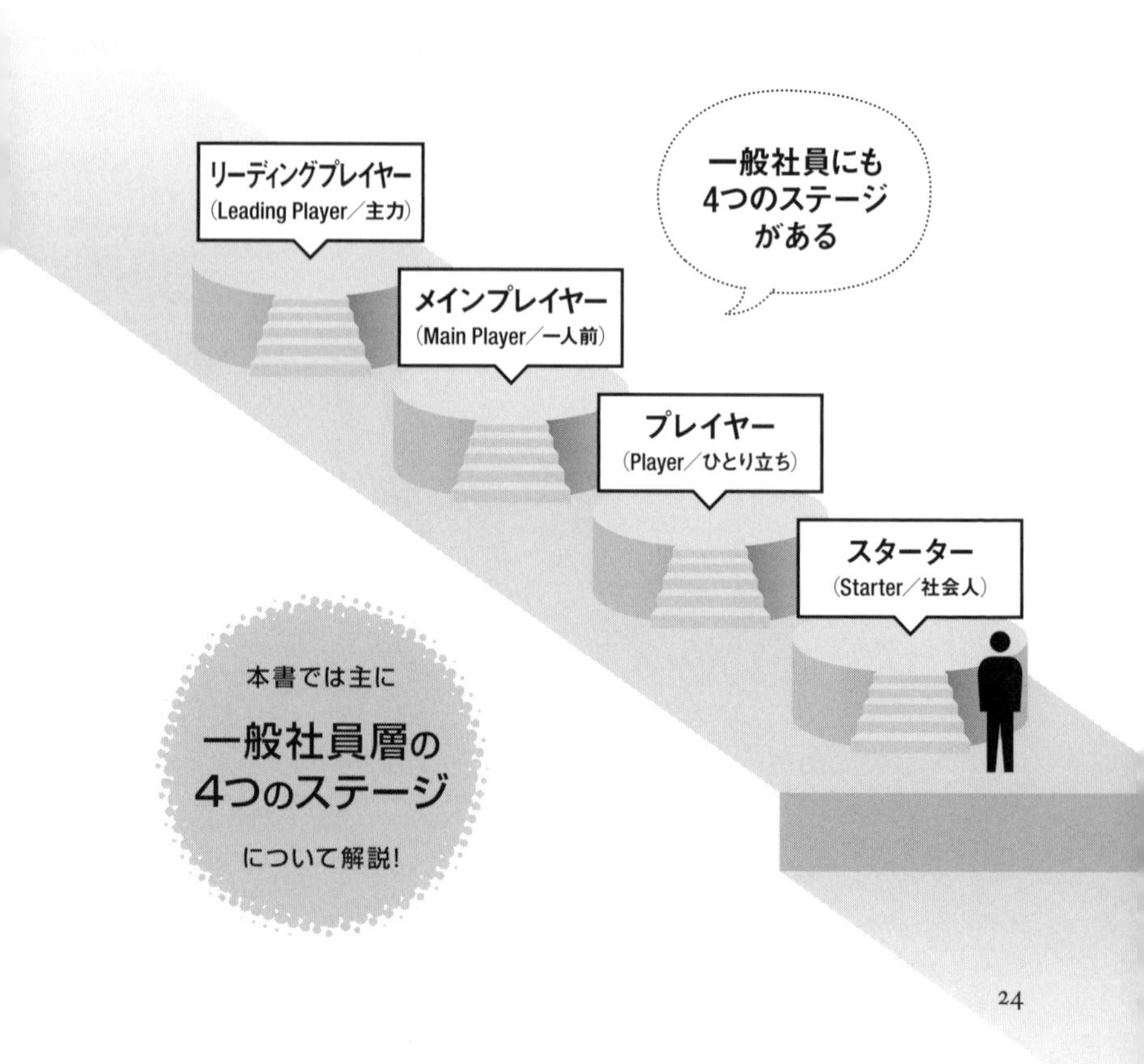

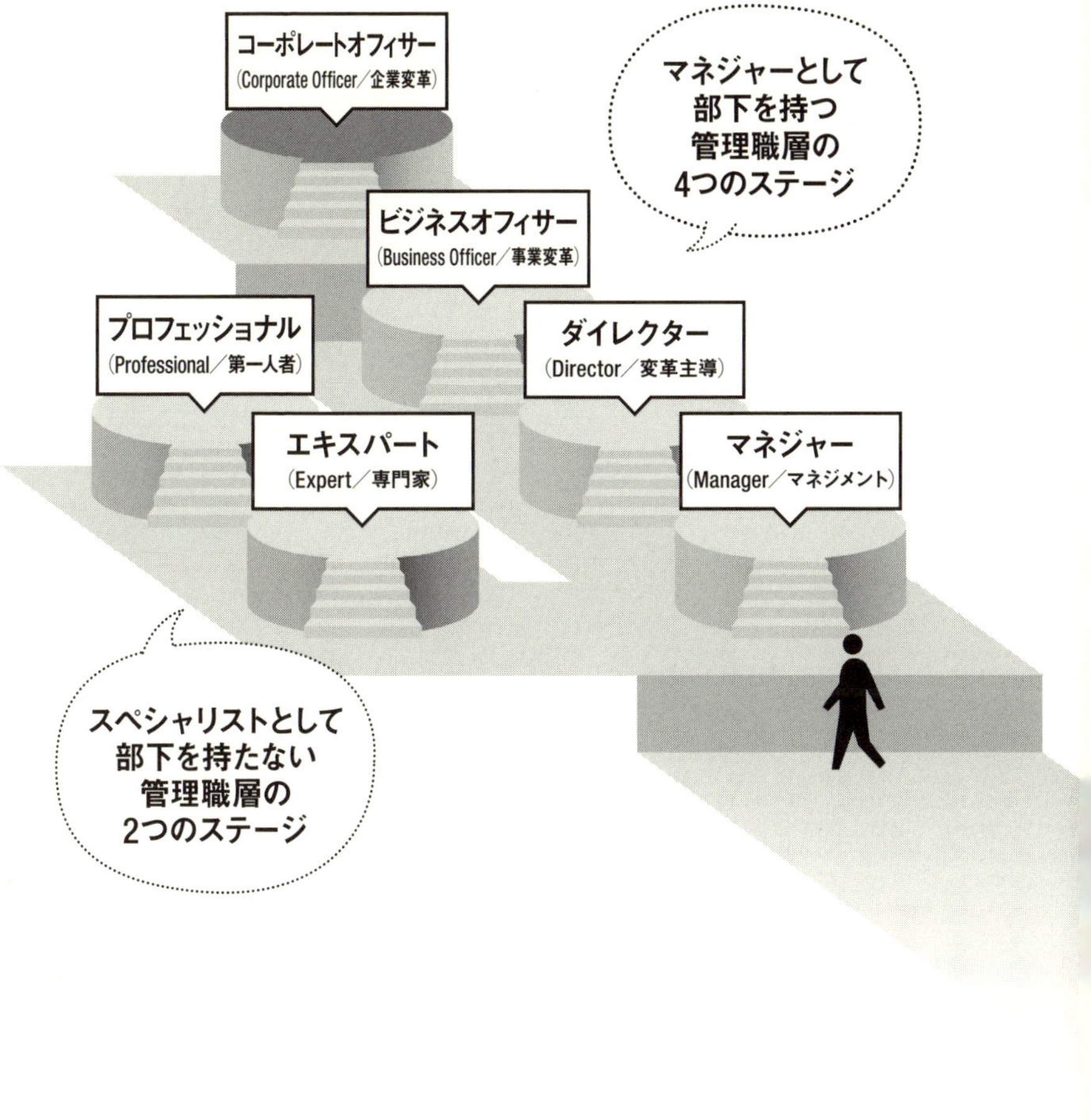
コーポレートオフィサー
(Corporate Officer／企業変革)
マネジャーとして
部下を持つ
管理職層の
4つのステージ
ビジネスオフィサー
(Business Officer／事業変革)
プロフェッショナル
(Professional／第一人者)
ダイレクター
(Director／変革主導)
エキスパート
(Expert／専門家)
マネジャー
(Manager／マネジメント)
スペシャリストとして
部下を持たない
管理職層の
2つのステージ

部下は皆同じではない

忘れてはならないのは、**一般社員（いわゆる平社員）は皆同じではない**ということです。さすがに新入社員とベテラン社員を同じように捉える上司はいないと思いますが、一般社員といってもそれぞれ能力や経験、成長度合いに応じた段階が存在するのです。

まずは、一般社員にも4つの段階（ステージ）が存在するということを理解し、次に、各段階の特性を知ることです。

一つずつ見ていきましょう。

学生から社会人となった駆け出しのビジネスパーソンは、まず①**スターター（Starter／社会人）**の段階を迎えます。社会人としてのマナーをはじめとするビジネスの基本を身につけ、組織の一員となります。ビジネスパーソンとしての始まりという意味で、「スターター」と名づけました。

一般社員にも4つのステージが存在する

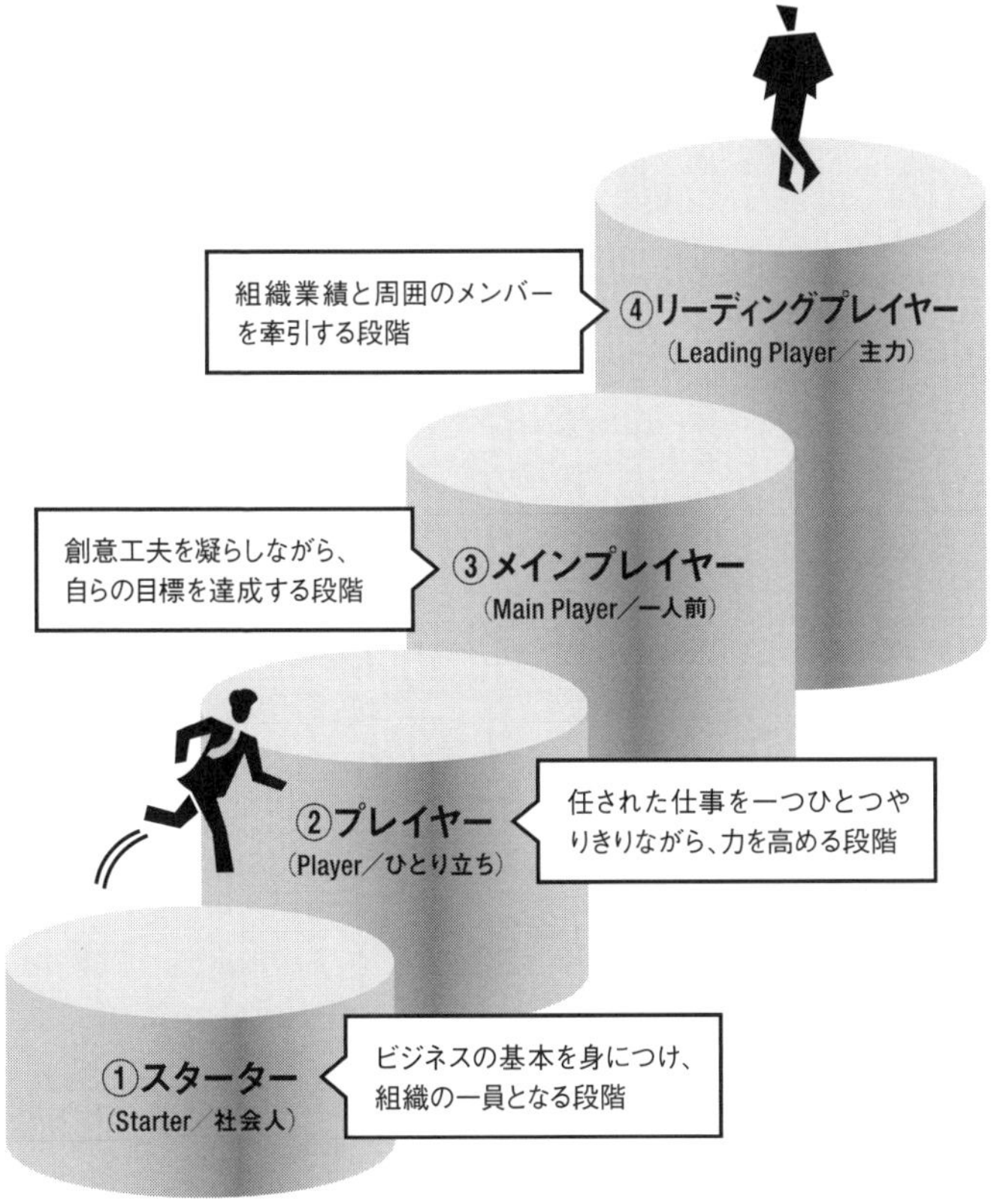
組織業績と周囲のメンバーを牽引する段階
④リーディングプレイヤー
(Leading Player／主力)
創意工夫を凝らしながら、自らの目標を達成する段階
③メインプレイヤー
(Main Player／一人前)
②プレイヤー
(Player／ひとり立ち)
任された仕事を一つひとつやりきりながら、力を高める段階
①スターター
(Starter／社会人)
ビジネスの基本を身につけ、組織の一員となる段階

①から④に向けて一つずつ段階を上がっていく！

スターターとして職場や社会人生活にも慣れてくると、先輩や上司と一緒に少しずつ「仕事」をするようになってくるのが、次の②**プレイヤー**（**Player**／**ひとり立ち**）の段階です。何もかも初めての仕事という中で、一つひとつやりきることで、仕事を覚え、力を高めていきます。自分の力で仕事を進めるという意味で、「プレイヤー」と名づけました。

プレイヤーとして先輩や上司から手取り足取り教えてもらう時期を卒業し、自分の頭で考え、工夫し、行動することで成果を上げていくのが、次の③**メインプレイヤー**（**Main Player**／**一人前**）の段階です。目標のレベルや仕事量がグンと高くなるのがこの段階の特徴です。多くの企業では、この**③の段階が人数的に最も多いボリュームゾーンであり、現場で事業を支え、推進している人たち**とも言えます。日常業務はほぼ独力で進めることができ、一人前と認められるという意味で、「メインプレイヤー」と名づけました。

メインプレイヤーとして経験と実力を積んでくると、リーダー的な立場を任され、他のメンバーを動かしながら成果を上げていくのが、次の④**リーディングプレイヤー**（**Leading Player**／**主力**）の段階です。職場の中では、より高い個人業績に加え、周囲のメンバーや組織業績を牽引するような動きを期待されます。周囲からは次期マネジャー候補と目されることも多いでしょう。周囲のメンバーと組織業績をも牽引するという意味で、「リーディングプレイヤー」と名づけました。

通常、一般社員層では、**①から④に向けて一つずつ段階を上っていきます。**それぞれの段階を短い期間で駆け上がっていく優秀な人はいても、**どこかの段階を飛び越えることはありません。**あくまで、一段ずつ上がっていくのです。

成長スピードは、業種や企業、部署によって異なる

ただし、企業やその業種によって、段階を上がっていく時間は大きく異なります。

流通・外食といった業種では、入社3年目には店舗の店長、すなわち⑤の段階であるマネジャーを担うこともあります。わずか3年の間に①スターターから⑤マネジャーまでの段階を駆け上がっていく必要があるのです。一方、一つひとつの仕事が長期間にわたるインフラ・建設といった業種では、10年20年勤めてようやく③の段階、一人前と言われる世界もあります。これは、早ければよいということではなく、**業界や仕事の特性によるところが大きい**のです。

あなたの会社ではいかがでしょうか。順調に部下が成長したとして、だいたい何年目くらいにどの段階にいることが一般的でしょうか。また、あなた自身は社会人何年目くらいにどの段階にいましたか？　よりイメージを持っていただくために、外食と通信インフラの業種の例を見てみましょう。

外食産業の例

Aさんは学生時代からなじみのあった、全国に展開する居酒屋チェーンに社員として入社しました。入社した最初の1週間は研修があり、料理の出し方、レジの打ち方、電話での予約受付の仕方、お客様のトラブルへの対処など、基本的なことを学びました→①**スターター（Starter／社会人）**の段階。

その後すぐに店舗に配属となり、アルバイトやパートのメンバーと一緒に、日々の店舗業務を行いました。同じく社員である店長から学ぶだけでなく、実務については自分よりも経験の長いアルバイトの先輩たちから学ぶことも多くありました→②**プレイヤー（Player／ひとり立ち）**の段階。

半年も経つ頃には、一通りの業務を自分の力で回すことができるようになりました。自分より後に入ってきたアルバイトのメンバーに仕事の仕方を教えたり、店長と店舗運営について話す機会も多くなりました→③**メインプレイヤー**（**Main Player**／**一人前**）の段階。

入社2年目になると、店舗のサブリーダーになりました。勤務シフトの都合で店長が不在のときは、実質的な責任者として店舗を切り盛りする必要がありました。また、アルバイトやパートのメンバーの勤務シフトの案を作るのも、Aさんの仕事として任されました。

→④**リーディングプレイヤー**（**Leading Player**／**主力**）の段階。

しばらくすると、別の店舗で人が足らないということで異動になりました。そこでもサブリーダーという立場でしたが、店長とアルバイトのメンバーとの間で意思疎通がうまくいっていないため、次々とアルバイトが辞めるなど大変な思いをしました。少しずつ状況がよくなってきた入社3年目の途中、店長に昇進が決まりました→⑤**マネジャー**（**Manager**／**マネジメント**）の段階。

通信インフラ業界の例

Ｂさんは学生時代に専攻していた情報通信の知識を活かそうと、通信インフラ業の会社に入社しました。入社から3カ月間はみっちりと座学の研修を受け、事業の歴史や社会的な存在意義、実業務として必要な知識など、幅広く学びました→**①スターター（Starter／社会人）**の段階。

配属先は、「まず現場を知る」ということで、地方の支社に出向となりました。職場では自分の親ほどの年齢の先輩社員と一緒に毎日現場を回り、故障した設備の修理や点検をし、仕事が終われば飲みに行く日々でした。とっつきにくいと思っていた先輩も、一度夜中まで飲んだ日からは仲良くなり、仕事の心構えなど薫陶を受け、叱られながらも一つひとつ仕事を覚えていきました→**②プレイヤー（Player／ひとり立ち）**の段階。

入社4年目に本社に戻ることになりました。現場の実務から企画業務となり、これまでとあまりに異なる仕事に戸惑うことが多かったのも事実です。販促企画の立案と文社への展開など、半期ごとに与えられる仕事のテーマは、毎回内容や関係者が少しずつ異なるもので、その都度学ぶことがありました。いくつものテーマを経験する中で、次第に自信がついていきました→③**メインプレイヤー（Main Player／一人前）**の段階。

入社10年目になると、「主任」の肩書きがつきました。同じ業務にあたる後輩2人が自分の下につけられ、上司からは後輩を育てながらテーマを進めるよう指示されました→④**リーディングプレイヤー（Leading Player／主力）**の段階。

それからはおよそ2年ごとに部署内で次々と新しいテーマを担当しながら、途中「係長」に昇格、17年目で課長に昇進しました→⑤**マネジャー（Manager／マネジメント）**の段階。

あなたの会社ではいかがでしょうか。

問題は、成長そのものが止まってしまうこと

問題は、①スターターから④メインプレイヤーの段階まで着実に成長してくる部下と、どこかの段階で成長が止まってしまう（時にはそこで会社を辞めてしまう）部下が存在するということです。対策については次章以降で具体的に見ていくことにして、一つ言えることは、部下が①スターターや②プレイヤーの段階を越え③メインプレイヤーや④リーディングプレイヤーの段階へと成長していくことは部下本人の責任だけではないということです。マネジャーがうまく関与できるかどうかによっても、部下の成長は左右されるのです。

いわゆる「くすぶっているベテラン」にも同じことが言えます。

しかし最近は、**組織の一人ひとりがどのような役割を担い、周囲からどのような期待を受け、どの程度の力量を持っているのか、部下の（成長）段階が見えにくくなってきたの**です。

中途入社の社員が増え、一つひとつの仕事が細分化・高度化していく中、職場の誰がど

の段階にいるのか、部下本人にとっては自分に期待される役割が何なのか、見えにくくなってきました。これが多くの日本企業で起こっている現実です。

「リーディングプレイヤー不在」という壁

たとえばその象徴的な例が、④のリーディングプレイヤーの不在です。

現在、主任や係長といった肩書きではあるものの、実態としては一プレイヤーで他のメンバーと何ら変わらないという部下がいたり、ひどい場合は、そういう部下の数が増え、職場の半分以上が「主任」というケースもあるのではないでしょうか。個人としての業績達成ばかりが求められることで、職場のナンバー2としてチームをリードするような④リーディングプレイヤーの経験を持たないまま、管理職に昇進して苦労する人が実に多くなっています。

このような変化の過程で、マネジャーがそれぞれの部下の段階をつかみきれず、本当に必要な育成とはズレた育成をしてしまっている可能性があります。

ズレとは、部下本人の力量とは異なる段階の期待をかけてしまっているというものです。本来④リーディングプレイヤーとして職場のナンバー2の役割が期待できる部下に、とにかく③メインプレイヤーとして高い個人業績を上げることばかり求めてしてしまうのは、ズレの代表例でしょう。それを防ぐためには、それぞれの部下が今①～④の、どの段階にいるのかをつかむことから始めなくてはなりません。

「ものさし」があれば、部下の成長段階を把握できる

自分も〝プレイングマネジャー〟で一プレイヤーとしての仕事を持ちながら、多くの部下を抱えるようになった現代のマネジャーは、部下一人ひとりがどの段階にいるのかを、把握しにくくなっています。

ここでお伝えしたいことをまとめると、

・組織や仕事を取り巻く環境や状況がかつてとは変化してきていても、ビジネスパーソンとしての成長段階には、変わらず4つの段階が存在している

・そして、それぞれの段階を経験し乗り越えていかなければ、次の段階に進むことはできない

という2点です。

そのために、「ものさし」を使って部下の段階を把握し、関与することで育成を進めていきましょう。

なお、本書は一般社員層の育成がテーマですから、管理職層の段階について本章では割愛しますが、興味のある方は5章で触れていますのでお読みください。

自分の職場で考えてみる

さて、ここまで読みながら、部下の顔が思い浮かんできたと思います。

「Aは新入社員でまだ①スターターだが、言葉遣いもしっかりしていて、すっかり職場の人気者だ」

「Bは最近ようやく②プレイヤーとして少しずつ仕事を覚えるようになってきたかな」

「Cは今まさに③メインプレイヤーとして活躍しているな」

「Dには次のマネジャー候補として④リーディングプレイヤーの動きをしてほしいな」


と同時に、次のような疑問も浮かんできたでしょう。

「新入社員のEは学生気分が抜けていない、①スターターにもなりきれていないんじゃないか」

「Fには②プレイヤーとして仕事をしっかり覚えてほしいのに、いつまで経っても先輩任せ。まだ①スターターのレベルかな」

「Gは③メインプレイヤーとしてもっといろんな仕事にチャレンジしてほしいが、言われたことしかやろうとしない。まだ②プレイヤーではないか」

「Hには本来④リーディングプレイヤーとしてチームリーダーの動きを期待しているけど、実際は全然できていない。まだ③メインプレイヤー止まりかな」


それでは、あなたの部下が今どの段階にいるのかを見ていきます。

部下は今どの段階にいるのだろうか？

一般社員の４つのステージ（段階）を判定する方法をお伝えします。

まずはそれぞれのステージの役割を期待するのはどの部下なのかという観点で見ていきます。実際に部下がその役割を果たせているかどうか、つまり、できているかどうかは、ひとまず問いません。**期待している役割の内容、質、レベルこそが大切なのです。**

なぜか。それは、そもそも「できているかどうかを判定する基準は何か」を考えると見えてきます。

「あいつは3年目の割に、よくやっているよ」
「彼はもう30歳にもなるのに、まだあの程度か」

このような会話をすることがあるでしょう。

会話の背景にあるのは、ぼんやりとはしているものの標準的な「3年目の役割像」や「30歳の役割像」「うちの社員の成長スピード」を暗黙の基準にして、できているかどうかを話しているのです。

人はこの**暗黙の役割像を基準として、できている人かそうでない人かを見ている**のです。この基準こそ、ここで紹介している**「段階」の真の姿**であり、これを**暗黙のイメージに留めておかずに具体化しよう**というのが本書のメッセージでもあります。

だからこそ「できているかどうか」はいったん置いておいて、その部下に本来期待している役割をベースに段階を見ていきましょう。

先ほど登場した「疑問」の例で言えば、Eさんは①スターターですし、Fさんは②プレイヤー、Gさんは③メインプレイヤー、Hさんは④リーディングプレイヤーの段階にいるということになります。しかし、それぞれに期待されている役割を果たせていない状態にあるということなのです。

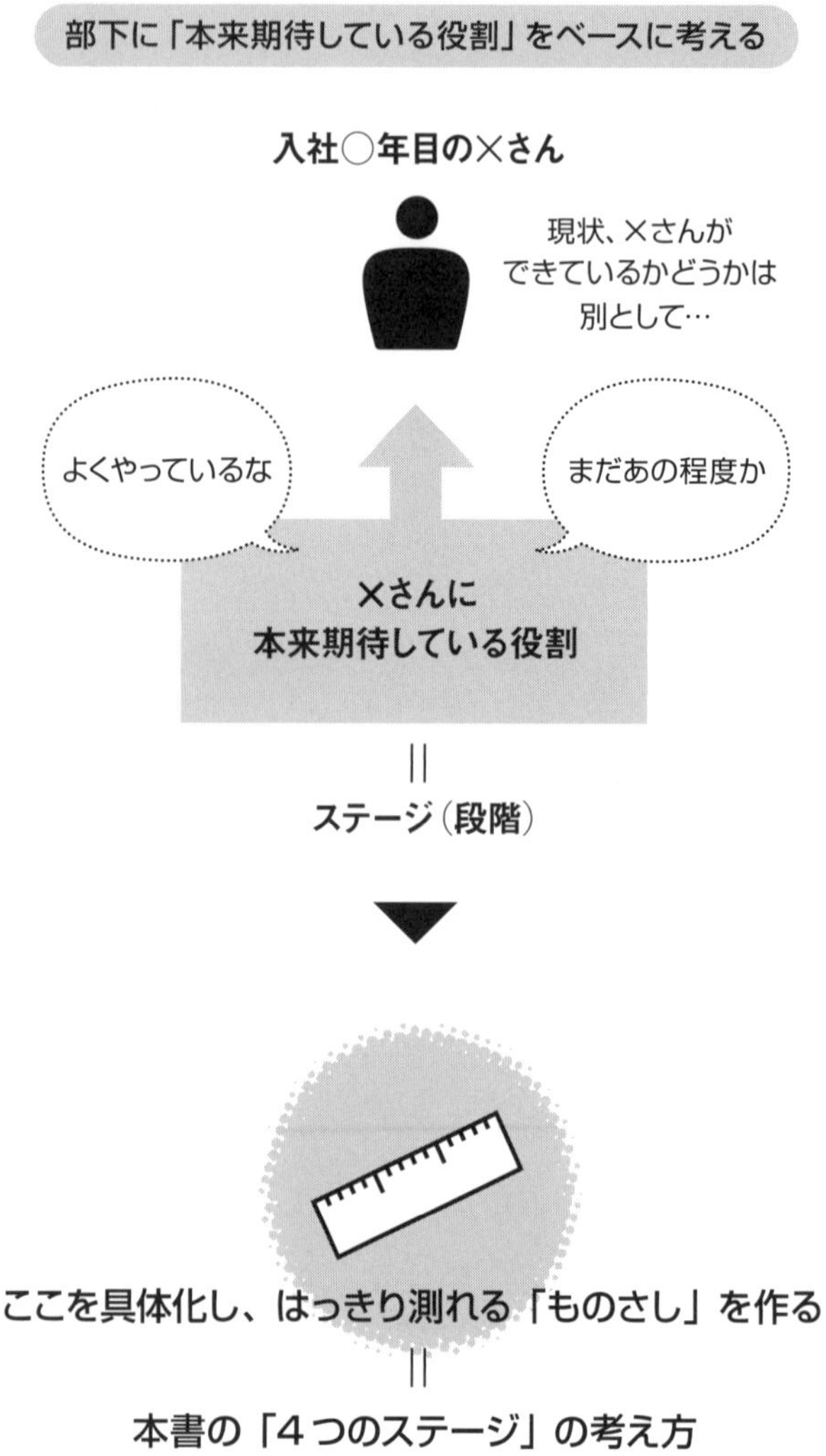
部下に「本来期待している役割」をベースに考える
入社○年目の×さん
現状、×さんが
できているかどうかは
別として…
よくやっているな
まだあの程度か
×さんに
本来期待している役割
||
ステージ（段階）
ここを具体化し、はっきり測れる「ものさし」を作る
||
本書の「4つのステージ」の考え方

部下の４つのステージとその役割

ここまで、各段階の概要をお伝えしてきましたので、ここではそれぞれの段階に求められる役割まで詳しく見ていきます。役割の内容や、その役割に対して「できていない」陥りがちな状態を読みながら、あなたの部下がそれぞれどの段階にいるかを考えてみてください。イメージを膨らませるためには、あなた自身がいつ頃、どの段階にいたのかを思い出してみるのもよいでしょう。

①スターター（Starter／社会人）

ビジネスの基本を身につけ、組織の一員となる段階。

社会人としての就業意識に目覚める段階。社会や会社の一員であるという姿勢を持ち、**周囲との関係性を築く**ことが求められます。

期待される役割

・社会や会社の一員としての姿勢や行動、仕事の仕方を身につける
・自分の関わる仕事の全体像をつかみ、後工程や顧客のことを考えて行動する
・周囲からのアドバイスや指摘を真摯に受け止め、行動を変えようとする
・初めてのことや初対面の相手に尻込みせず取り組み、何事からも学ぼうとする
・新鮮な視点から仕事や職場についての違和感や疑問を率直に出し、周囲に影響を与える

本来、このような役割を期待されていますが、次のような状態に陥る場合もあります。

陥りがちな状態

・周囲となじめず職場で発言できなくなってしまう
・聞きたいことがあっても怖いと思って黙ってしまう
・指示内容を誤解したまま進めて間違った結果に終わる
・周囲に相談できずに仕事が納期に間に合わない

・指示されても、自分が納得できないことはやらない
・できないことがあると他者や環境のせいにする
・目標に到達できなくても自分の責任ではないと思っている
・同期と固まって愚痴ばかり言っている
・何度も同じ過ちを繰り返す

・今この段階にいる部下は誰か？
・そのうち、期待に応えられない状態に陥っているのは誰か？

②プレイヤー（Player／ひとり立ち）

任された仕事を一つひとつやりきりながら、力を高める段階。

社会人の基本を土台として、担当業務を持った上で仕事の仕方を身につけます。担当業務については自ら働きかけて周囲に教えを乞い、**責任を持ってやりきる**ことが求められます。

期待される役割

- **周囲の指導を仰ぎながら、任された仕事に責任を持って、最後までやりきる**
- **相談できる関係者を増やし、円滑に業務を進める**
- **自分の意見や仕事の状況を率直に伝え、得たアドバイスを業務に活かす**
- **未経験の仕事に取り組んだり、接点の少なかった相手と関わることで仕事の領域を広げる**
- **教えられたことを覚えるとともに、少しずつ自分で考えた工夫を試す**

本来、このような役割を期待されていますが、次のような状態に陥る場合もあります。

陥りがちな状態

・言われることを、ただこなすだけになる
・淡々と仕事をこなし、物足りなさを覚えて、やる気を失う
・うまくいかないことがあったときに、周囲に支援を求めず一人で悩んでしまう
・早期に相談していれば起きなかったはずの問題を起こす
・振り返る習慣がなく、同じ失敗を繰り返したり、仕事の質が向上しない
・うまくいかないことを前任者や他部署のせいにして、解決しようとしない
・関係者からいろいろな意見や要望を受け、振り回される
・自分の力量を客観的に捉えられないまま、自己中心的な考えを押し通そうとする

・今この段階にいる部下は誰か？
・そのうち、期待に応えられない状態に陥っているのは誰か？

③メインプレイヤー（Main Player／一人前）

創意工夫を凝らしながら、自らの目標を達成する段階。

組織業績に貢献する戦力として、個人業績を達成することを期待されます。担当業務に精通し、**関係者を巻き込みながら成果を出す**ことが求められます。

期待される役割

- ・自らの目標を達成することで、組織業績に貢献する
- ・様々な経験を通じて業務に精通し、専門性を高めて業務に活かす
- ・業務遂行のための道筋や段取り、巻き込む相手を自ら中心となってデザインする
- ・自分より経験の浅いメンバーの相談に乗る、面倒を見る
- ・既存のノウハウを使って自分の仕事に創意工夫を加え、周囲とも共有する

本来、このような役割を期待されていますが、次のような状態に陥る場合もあります。

陥りがちな状態

・複数の関係者を仕切って進めていくような仕事ができない
・自分の判断基準が持てず、周囲の意見に右往左往する
・目の前のことをこなし続けることに疲弊する
・仕事を回しきれず、自信が持てない
・自分の担当業務に意味を見出せず、受身の対応しかできない
・主担当としての問題意識や持論を上司や関係者に提言することをしない

・今この段階にいる部下は誰か？
・そのうち、期待に応えられない状態に陥っているのは誰か？

④リーディングプレイヤー（Leading Player／主力）

組織業績と周囲のメンバーを牽引する段階。

より高い個人業績に加えて、職場全体に目を配り、周囲のメンバーに働きかけることで組織業績に貢献します。自らの担当業務を進めるだけでなく、**メンバーを育て、動かしながら、チームとしての成果を上げる**ことが求められます。

期待される役割

- **高い個人目標を達成することで、組織業績を牽引する**
- **組織の運営方針や取り組みについて、上司に現場の情報を伝え、意見を交わす**
- **組織の運営方針や取り組み内容の意図をつかみ、メンバー目線から周囲に伝え、浸透させる**
- **指示や指導を通じて、メンバーの力を高めながら仕事を前に進める**
- **業務の効率や効果を高めるために、メンバー同士の交流を図ることで関係性を強化する**

本来、このような役割を期待されていますが、次のような状態に陥る場合もあります。

陥りがちな状態

・個人業績の達成には熱心だが、周囲への貢献や組織活動に関心を持たない
・あれもこれも自分で抱え込んでしまい、結局どれも前に進まない
・目先の作業に追われ、他の重要な仕事が遅れる、雑になる
・考える仕事をすべて自分でやってしまい、後輩が育たない
・自分のやり方が最適だと思い込み、後輩の意見や個性をつぶしてしまう
・情報共有を怠り、周りからは何の仕事をしているのかが見えない（一匹狼化する）

・今この段階にいる部下は誰か？
・そのうち、期待に応えられない状態に陥っているのは誰か？

この「ものさし」を使って、あなたの部下がそれぞれ今どの段階にいるのか、見えてきましたか。

また、こうして見てくると、順調に成長している人は皆、この4つの段階を一つずつクリアしてきていることに気がついたと思います。何より、**マネジャーであるあなた自身がその経験者**であるはずです。この段階を短い期間に駆け上がる人はいても飛び越える人はいない、そのイメージもわくのではないでしょうか。大事なのは、**今の職場や仕事の中で、部下にはこの段階を期待したい**ということをマネジャーとして明確にすることなのです。

仕事の割り当て、良し悪しの伝え方、支援の仕方が変わる

部下を段階別に捉えることができると、部下育成がとても楽になります。ここで、その有用性をお伝えしていきましょう。

- **仕事の割り当てが変わる**
- **良し悪しの伝え方が変わる**
- **支援の仕方が変わる**

これらがキーワードになります。

仕事の割り当てが変わる

マネジャーが「ものさし」を使うと、部下の一人ひとりに合わせて、どのような質や量

の仕事を与えればよいかを、考えることができるようになります。

仕事の割り当てを考える際の基本は、まず**その仕事の難易度やかかる工数を見積もること**です。次に、**その仕事は本来、どの段階の人が担うべきか**を考えます。その上で、**誰に割り当てるかを決めていく**のです。

たとえば、③メインプレイヤーが担うべきレベルの仕事が発生したとき。職場にメインプレイヤーの部下がいて、稼動に余裕があって能力も高い。そのような状況では何の問題もなく担当させる部下を決められます。しかし、現実にはそうはいきません。

能力の高い③メインプレイヤーのAさんは他の仕事で手いっぱい。残業続きでとても新しい仕事を任せられる状況ではありません。別の③メインプレイヤーのBさんは稼動に余裕はあるものの、能力的に任せるには不安。でもBさんに任せざるを得ない。

……よくある状況ではないでしょうか。

ここからが「ものさし」の出番です。

「ものさし」を使って、仕事を割り当てる

今回は、Bさんに仕事を割り当てることに決めたとします。では、マネジャーはBさんにどのような言葉をかけて、仕事を任せればよいでしょうか。

「今ちょっと余裕があるだろう？　この仕事頼んだよ」

どうでしょうか。毎回これでは、部下のBさんは、たまったものではありません。

段階の考え方を用いて部下育成を行おうとすると、マネジャーの思考は次のようなプロセスをたどることになります。

- **Bさんには本来③メインプレイヤーの役割を期待している**
- **しかし、そのうちある役割（関係者を巻き込みながら成果を出すこと）についてはまだまだ十分ではなく、力不足である**

・Bさんにとっては挑戦的な仕事だが、今回の仕事を通じて、ぜひその点を強化してほしい
・具体的に求める成果は③メインプレイヤーとしてこのレベルのものである

こう考えたことを、きちんと部下に伝えることができたら……。部下のやる気や取り組み姿勢も、大きく変わってくるかもしれません。

「Bさんにお願いしたい仕事がある。この仕事を通じて、関係者の協力を取りつける能力を身につけてほしいと思っている。まだ今は心配な点もあるかもしれないが、そのときは私にも相談しながら進めてほしい」

こんな風にひと言添えるだけで、印象は大きく異なります。

何より部下にとっては、マネジャーが「仕事をやってくれ」ということだけでなく、「自分の成長まで考えて仕事を割り当ててくれている」ということが分かるだけでも、信頼感に大きな違いが出るものです。

職場で仕事の割り当てができるのは、マネジャーであるあなたしかいません。**部下は仕事の経験を通じて成長するもの。**ぜひ仕事の割り当て場面で活用してみてください。

「ものさし」を使うと、仕事の振り方が変わる

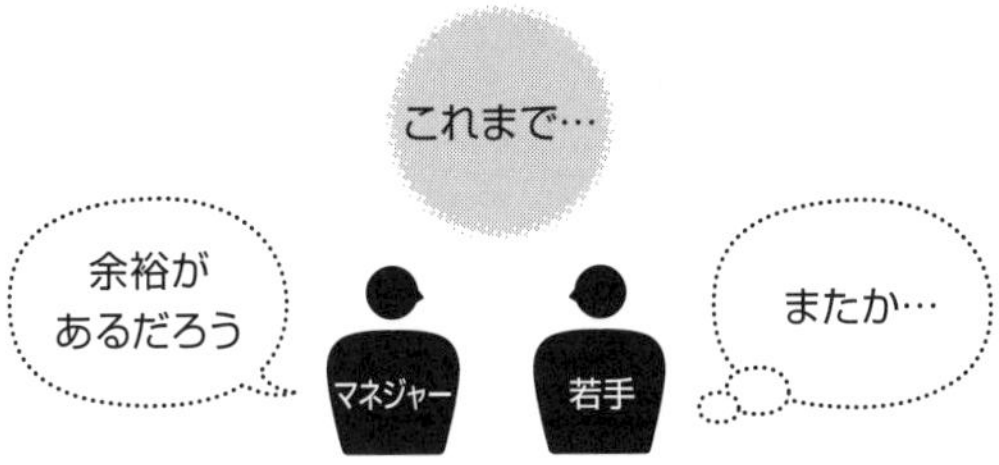
これまで…
余裕が
あるだろう
マネジャー
若手
またか…

・手の空いている部下に仕事を投げる

↓

・仕事の難易度と部下の能力のミスマッチ
・部下はやらされている感があり、モチベーションも低い

▼

「ものさし」があると…
あなたに
この能力を
身につけてほしい
マネジャー
若手
期待されて
いるのかな

・育成の意図を持って仕事を任せる

↓

・部下は努力すべきポイントが分かる
・期待をかけられ、部下のやる気もアップする

同じ仕事でも、部下のやる気が変わる！

良し悪しの伝え方が変わる

マネジャーが「ものさし」を使うと、どんなときに部下をほめたり叱ったりすればよいのかを、見極めることができるようになります。

高い成果を上げたからほめる、失敗したから叱るという単純な話ではありません。部下の段階に照らしてみると、その良し悪しを判断する基準も変わるのです。

たとえば、これまで取り組んだことのないテーマに果敢に取り組み、なかなか高い成果には結びつかないものの、後輩の指導にも熱心にあたっている③メインプレイヤーのAさんと、慣れた仕事で一定の業績を上げるものの新しいテーマへの取り組みには後ろ向きで職場の動きにも無関心な④リーディングプレイヤーのBさんでは、どちらを評価するでしょうか。

目先の結果だけにとらわれると、ついつい業績を上げているBさんばかりを評価してしまいがちですが、それではいけません。Aさんは③メインプレイヤーとして期待される役割に対して、素晴らしい動きをしています。逆にBさんは、④リーディングプレイヤーとして期待される役割を果たせていませんし、そもそも自分に期待されている役割がどのようなものかさえ、認識していないかもしれません。

実際に、段階の考え方を用いて部下育成を行おうとすると、マネジャーは2人の部下にどのような働きかけをしていけばよいでしょうか。

Aさんには**「今の仕事への取り組みや意識の高さを今後も続けてほしい」**と伝え、なかなか高い成果がついてこないからといって今の動きを止めてしまわないよう、背中を押すべきでしょう。マネジャーとしてアドバイスやフォローも必要です。

一方、Bさんには、これまでの知見を活かして手堅く業績を上げていることは評価しつつも、新しいテーマへの取り組みや、自分の言動が職場に与える影響の大きさを自覚するよう求めることが必要になります。それは、仕事の内容へのアドバイスというよりも、**④リーディングプレイヤーとしての意識や姿勢を変えることを求める**ことが、育成のポイントになるわけです。

「職場のリーダーとしては、どんな貢献が求められると思う?」

「今のBさんは、職場の中でどんな存在として見られていると思う?」

といった問いかけが有効になるでしょう。

あるいは、**「今までは個人プレーで成果を上げていればよかったけど、これからは職場の**

リーダーとしてそういうわけにはいかないよ」という率直なフィードバックをしてもよいかもしれません。

日常ミーティングにも「段階」を活用する

日常のミーティングの中でも段階の考え方を活用できます。

ある企業の営業課会の様子です。

部下が一人ひとり商談状況を発表しながら、顧客からつかんだ情報やノウハウを共有している場面です。ベテランメンバー（④リーディングプレイヤー）のCさんは自分がつかんだ情報について自信満々、話を独占して長々としゃべります。その後、若手メンバー（②プレイヤー）のDくんに話が回ってくると、「私はたいした情報はありませんので……」とすぐに話を終えてしまいました。「そう言わずに、何かあるだろう」と水を向けると、「では簡単にお話しします」と語り始めました。若手の彼にしてはよい情報をつかんでいると思

「ものさし」を活用することで、若手も伸びる

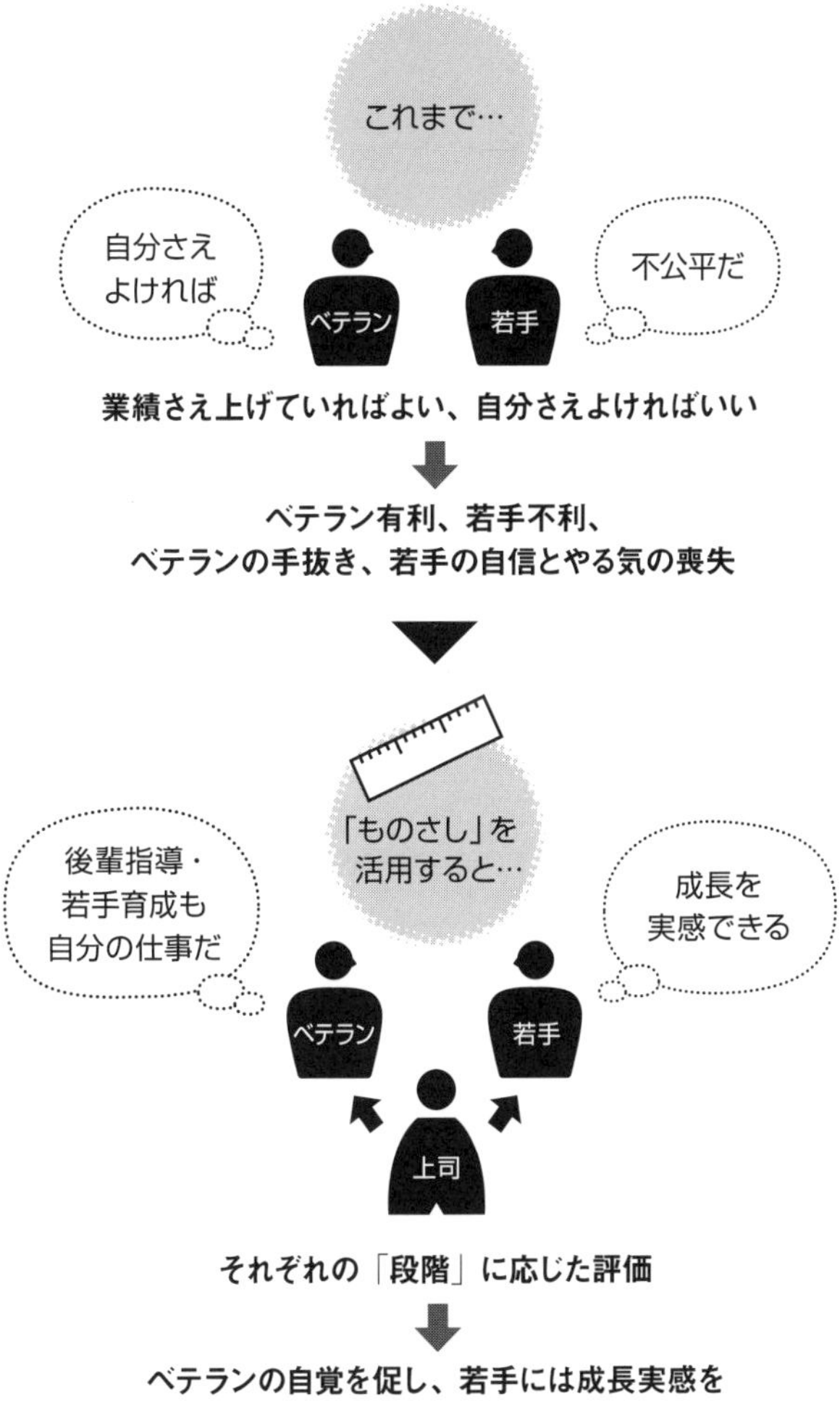
これまで…
自分さえよければ
不公平だ
ベテラン
若手
業績さえ上げていればよい、自分さえよければいい
ベテラン有利、若手不利、
ベテランの手抜き、若手の自信とやる気の喪失
「ものさし」を活用すると…
後輩指導・若手育成も自分の仕事だ
成長を実感できる
ベテラン
若手
上司
それぞれの「段階」に応じた評価
ベテランの自覚を促し、若手には成長実感を

いましたが、Cさんたち周りのベテランメンバーは「そんなこと知ってるよ」と言わんばかりの態度で、耳を傾けようとしません。

このような場面で、あなたのマネジメント力が問われます。

あなたは若手のDくんの言動をどう評価し、どのような言葉をかけるでしょうか。

「その話は皆知ってるよな」

これだけはNG、若手を意気消沈させる言葉です。今後、水を向けられても何も話さなくなるでしょう。

ここに段階の考え方を用いて、部下育成も意図しながら考えてみましょう。

マネジャーの頭の中は次のような過程をたどることになります。

・若手である彼には②プレイヤーの役割を期待している

・一つひとつ仕事を覚える段階としては、顧客と的を射た会話ができていて、よい情報をつかんでいる

・そのことはちゃんと皆の前でほめて、評価したい

・周りのベテランにも関心を持ってもらい、彼がさらにいい仕事ができるように、顧客とどんな話をすればいいかアドバイスしてほしい

マネジャーとしてはこんな言葉をかけたいものです。

「Dくん、よくそこまで調べたね。（ベテランメンバーの）Cさんから、さらに商談を進めるために、何かアドバイスはありませんか？」

「ものさし」を使えば、若手のDくんを引き上げるための言葉だけでなく、**ベテランのCさんにも、後輩育成の視点を持たせようとする言葉**も導き出せるのです。

支援の仕方が変わる

マネジャーが「ものさし」を使うと、タイミングの合った、的確な支援ができるようになります。

部下がぶつかる成長課題は、段階によって異なります。**マネジャーの支援も、部下の段**

階に合わせて変えていくのです。

たとえば、まだ入社したばかりで職場の人間関係に慣れていない①スターターの部下であれば、緊張感を抱えて出勤しているのかもしれません。そのようなときには、職場に安心感を持ってもらえるような声かけをしたり、職場の中であえて発言する機会を与えたりすることが、マネジャーの支援として有効です。

また、②プレイヤーの部下は、周りから言われた仕事を淡々とこなすだけになってしまうときがあります。マネジャーは仕事の全体像を伝え、部下が仕事の意味を考えて工夫をしていけるような動機づけを図っていくとよいでしょう。

③メインプレイヤーの部下は、主担当として他部署と調整することが増えるにつれ、周りの意見に左右されてしまったり、仕事を抱え込んでしまったりすることも増えてきます。仕事の段取りの立て方や他部署への協力の取りつけ方については、マネジャーが教えてあげられるかもしれません。

そして、④リーディングプレイヤーの部下は、職場の主力として多くの仕事を担っている一方で、職場やチーム全体への関心が薄いまま過ごしてしまうことがあります。マネジャーは、部下の育成や職場運営のテーマについて一緒に考える機会を設けることによって、

④リーディングプレイヤーの成長を支援できます。

これまで部下育成において、一般社員層の部下は皆同じように扱ってしまっていたマネジャーも多いと思います。ひょっとしたら、どんな部下にも③メインプレイヤーの役割を求めていたかもしれません。まだ②プレイヤーになりたての部下がいたとしたら、本人にとってそれはあまりに高い役割を要望されていることになり、部下としては「とてもついていけない」と気持ちが折れてしまうかもしれません。逆に、本来④リーディングプレイヤーを狙える実力を持った人に対しても、③メインプレイヤーの段階に達していればよしとして、成長の機会を与えずにきてしまったかもしれません。

あなたからの期待と部下の実力を鑑み、**部下一人ひとりが４つの段階のどこにいるのかを明らかにすることが、部下本人の成長のタイミングに合った効果的な育成につながるの**です。

コラム

ステージには、「飛び級」はない

部下は4つのステージを一つずつ上っていくもので、飛び越えることはないと述べました。これについてある企業の例を見てみましょう。実際にあった話です。

この企業では毎年、入社間もない新入社員にすぐに現場に飛び込ませ、がむしゃらに実務をさせるのが恒例となっていました。景気がよく会社が順調に成長していた時期は、これが成功体験を積む機会として有効に機能していましたが、景気の悪化とともに仕事がうまくいかず、むしろ失敗体験が続く中で、自信を失って辞めてしまう新入社員が続出しました。

辞めたいという新入社員に話を聞くと、どうやら周囲に相談せず、一人で悩みを抱え込んでしまっている人が多いようでした。この反省から、翌年からは現場での実務の比重を少し軽くし、新入社員と職場の先輩社員の接点を作る機会を多く設けたところ、職場で先輩社員によく相談しながら仕事を進めるようになり、辞める社員も減りました。

興味深いのは、その数年後の両者の成長度合いです。多くの新入社員が辞めてしまった代は、入社4、5年目になってもいま一つ力強く仕事を推進する力に欠けるように見え、逆にその下の代のほうが、いきいきと仕事をし、花開いたように見える、というのが人事部からの見え方でした。

なぜこのようなことが起こったのでしょうか。

入社してすぐということは、本来であればまだ①スターターの段階です。新入社員として仕事のマナーなどを身につけ、職場で周囲との関係性を築く段階です。これをしっかりクリアしてから、②プレイヤーの段階に移ることが必要です。

この企業では、始めから実務を担当させるということで、①を飛ばして②の段階からスタートさせることが恒例となっていました。それでも景気や会社業績の好調という条件の下ではうまくいっていたわけですが、その後状況が変化すると、①の段階をクリアしていない人が②の段階を求められてもうまくいかず、つぶれてしまったわけです。

この例からも見られるように、一つひとつ段階を上らせること、そして、それぞれの段階に合った育て方があるということが分かります。

2章

「変わり目《トランジション》」こそが部下育成のチャンス

ステージの変わり目＝トランジション

1章では、段階（ステージ）の考え方に触れました。2章以降は、この段階の「変わり目」に着目していきます。

一般社員層の部下は、順調に成長すれば4つの段階を経ます。

①スターター（Starter／社会人）
②プレイヤー（Player／ひとり立ち）
③メインプレイヤー（Main Player／一人前）
④リーディングプレイヤー（Leading Player／主力）

ここで課題になるのは、今いる段階から次の段階への移行がうまくいくかどうかです。

いつ、どんなタイミングで、どうやって移行し、次の段階の役割を果たせるようになってもらうのか。それは、もちろん部下本人にとっても、そして育成する側のマネジャーにとっても、容易ではありません。

部下はある段階で一定の成果や能力が認められると、マネジャーを含めた周囲の人から、次の段階の役割を担うことが期待されるようになります。「できているかどうか」にかかわらず、「期待される役割によって段階は決まる」という考え方ですから、この時点で部下は次の段階に移行したことになります。実際には、これに合わせて昇格を伴うことも多いでしょう。

改めて1章の「各段階の役割」を見直しましょう。

①スターター（Starter／社会人）：ビジネスの基本を身につけ、組織の一員となる段階
②プレイヤー（Player／ひとり立ち）：任された仕事を一つひとつやりきりながら、力を高める段階

③メインプレイヤー（Main Player／一人前）：創意工夫を凝らしながら、自らの目標を達成する段階

④リーディングプレイヤー（Leading Player／主力）：組織業績と周囲のメンバーを牽引する段階

たとえば③メインプレイヤーから④リーディングプレイヤーなど、ある段階から次の段階への移行は、決して簡単なものではないことが分かります。

業務の知識やスキルを身につけるというだけでなく、段階の移行においては、**仕事の仕方そのものや、持つべき視界の広さなど、本人の意識や態度、価値観、姿勢といったところまで変化し成長してもらう必要がある**からです。これは単に「移行」という程度に留まらず、「**転換**」と言ったほうが適切かもしれません。

同じ一般社員であっても、ある時点で大きな転換を求められることを、マネジャーは理解しなければなりません。

本書では、次の段階へ転換し、新たな段階の役割を果たせるようになる過程を「**トランジション（ステージの転換）**」と呼びます。2章ではトランジションについて解説します。

ステージの変わり目＝トランジション

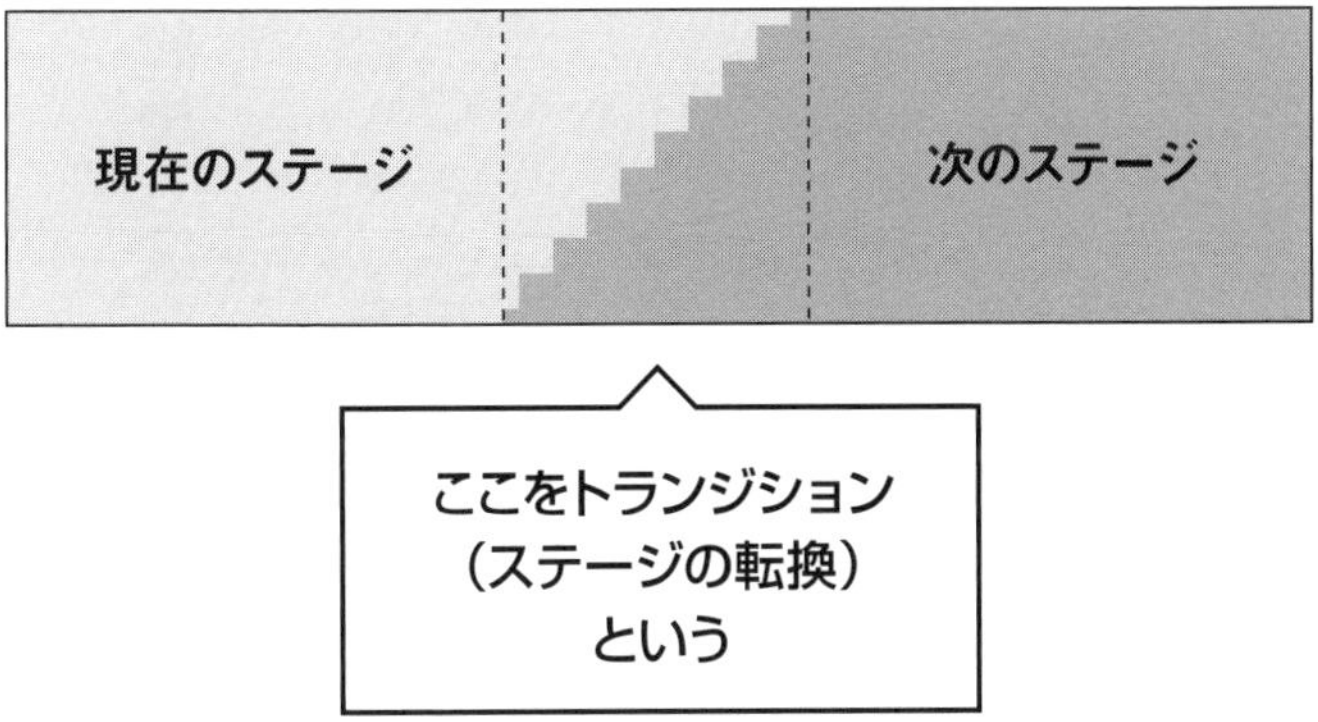

トランジションは簡単ではない

役割が大きく変わるわけですから、**人は誰しもトランジションに少なからず苦労するものです。**それでも、トランジションが短い期間でスムーズに進む人もいれば、そうでない人もいます。

あなたにも「本来もうこのステージの役割を期待しているのに、なかなかそういう動きを取ってくれるようにならない」という部下はいませんか。それは、トランジションがうまくいっていない、ということかもしれません。

トランジションがうまくいっていない部下には、いくつかのパターンがあります。

中堅社員の後輩指導を例に取ってみましょう。

一つ目は、若手社員から中堅社員と見られるようになってきたばかりで、「後輩指導を積極的に行ってほしい」と周囲から思われ始めたこと自体に、まだ気づいていない部下。

二つ目は、そのような期待は理解し、指導しようとしているものの、後輩とうまくコミュニケーションが取れなかったり、指導方法に問題がある部下。

三つ目は、周囲の期待は薄々感じてはいるものの、自分の忙しさや面倒だという気持ちから「まぁやらなくてもいいだろう」と指導しようとしない「確信犯的」部下。

このような部下に対し、ステージを転換させ、次の段階の役割が担えるように向かわせることも、大切な部下育成です。逆に言えば、トランジションができない組織では、職場の人間関係が悪化したり、組織全体のパフォーマンスが落ちたりする恐れもあるのです。

そういった意味からも、トランジションの重要性について理解していただけるのではないでしょうか。

今までの延長ではなく、大きな転換が求められる

トランジションの時期は、部下育成の絶好の機会でもあります。

通常、人は段階が変わってもすぐに仕事の仕方を変えようとはしません。自分の慣れた

やり方、得意な方法で仕事を進めようとするものです。段階が変わることが**大きな転換を求められるものだとは考えず、今までの延長と見てしまう**からです。

それゆえ、段階が変わっても「もっと頑張ろう」とはしても、「根本的に何か変えよう」とまでは考えません。先に述べたとおり、周囲の期待を薄々感じていても行動には移さない「確信犯」は分かりやすい例です。

一方、やる気がある人たちにも、落とし穴があります。それは、難易度の高い仕事や新たに求められる役割、より多くの仕事を担うことになっても、これまでのやり方で「もっと速く」「急いで」「よりたくさん」こなそうと、残業を重ねながら努力することです。

結果、自分でたくさん抱え込んで首が回らなくなり、そこで初めて「このままではうまくいかない」ということに気づきます。しかしそれに気づいても、これまで経験したことのないことに取り組んでいるわけですから、本人は自分の何がいけないのか、どうしたらよいのか、分からずに悶々としてしまいます。

こんなとき、上司としてその状況をつかみ、効果的なアドバイスをできるかどうかで、部下のトランジションが進むかどうかが大きく左右されます。もちろん、部下にやり方の「答え」をただ教えればいいということではありません。それは本人が苦労して獲得するものだからです。トランジションの状況に気づいて、**タイミングよくサポートしてあげられるか**どうかが肝心なのです。

もし、その状況に気づかずに放ったらかしにしていたら、部下はどうなるでしょうか。長い時間をかけて相当な苦労の末にようやくコツをつかみ、次の段階の役割を果たせるようになるか、それとも、いつまで経っても期待にそぐわない状態に陥るか、はたまたつぶれてしまうか……。

ご自身の経験を思い出してみてください。段階が変わって仕事がうまくいかずに苦労しているとき、上司や先輩のひと言でものの見方がガラッと変わった、何がいけなかったのかにハッと気づいて目から鱗が落ちた、そんな経験があったはずです。

半年から1年、何年もかかる場合もある

トランジションは、部下にとって新たな段階の役割を果たそうと必死にチャレンジする時期です。努力してもうまくいかないことが多く、不安定になる時期なのです。それを乗り越えるのにかかる時間は、段階によっても人によっても異なりますが、どんなに短くとも半年から1年は必要なようです。

人によっては2年、3年とかかるでしょうし、何年かけても次の段階の役割を担えず、部下本人も転換を諦めてしまうこともあります。部下にとっても組織にとっても、これほど不幸なことはありません。この**不安定な時期だからこそ、マネジャーであるあなたの出番**です。やり方は後ほど紹介しますが、トランジションを促す手法を知っているだけで、部下の伸び悩みの問題はずいぶんと解消されるはずです。

そして、新たな段階でコツがつかめてきた部下は、安定的な時期に入ります。つかんだコツをもとに、いくつもの仕事を通じて繰り返し経験を積むことで、さらに磨きをかけて

いく時期です。経験を積み、業務の知識は増え、スキルも向上するでしょう。こうしてしばらく経つと、今度はまた、さらに次の段階を求められるようになります。

このように、ビジネスパーソンは不安定な状態の中でコツをつかみ転換していくトランジションの時期と、いくつもの仕事を通じて何度も反復することでコツを磨いていく安定的な時期を繰り返し、一段ずつ段階を上っていくのです。

トランジションの5つのプロセス

部下の転換を支援するためには、そのプロセスを知る必要があります。

新たな段階に転換し、試行錯誤の中から期待される役割を果たせるようになっていくトランジションのプロセスには、5つの要素が存在します。

トランジションの5つのプロセス

（1）入口のサイン

自分が新たな段階を迎えていることに気づき、意識や行動を変える必要性を自覚するきっかけとなる出来事を指します。

（2）体験

新たな段階で期待される役割を果たそうと、任された仕事を通じて試行錯誤しながら自らを変えていく、チャレンジを伴う体験です。

（3）周囲の関わり

体験の過程で受ける、周囲からの関わりです。周囲から継続的な支援を受けたり、心に刺さるひと言を投げかけられたりすることを指します。

トランジション（ステージの変わり目）の5つのプロセス

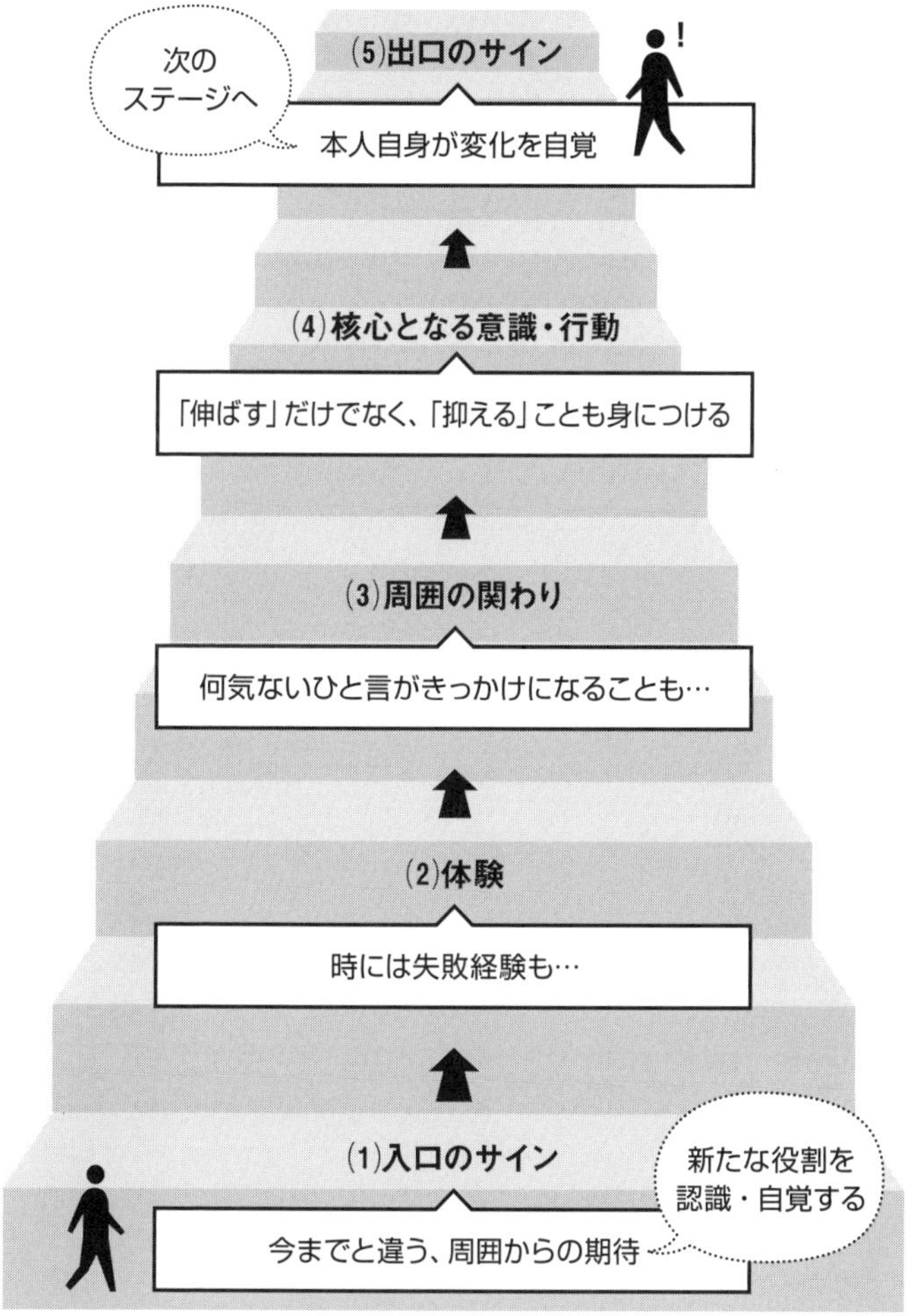
次の
ステージへ
(5)出口のサイン
本人自身が変化を自覚
(4)核心となる意識・行動
「伸ばす」だけでなく、「抑える」ことも身につける
(3)周囲の関わり
何気ないひと言がきっかけになることも…
(2)体験
時には失敗経験も…
(1)入口のサイン
今までと違う、周囲からの期待
新たな役割を
認識・自覚する

(4) 核心となる意識・行動

新たな段階を迎え、以前の段階から特に変えるべき意識・行動です。体験や周囲の関わりを通じて、学び、身につけてほしい意識・行動です。核心となる意識・行動には、「伸ばす」ものと「抑える」ものがあります。

(5) 出口のサイン

新たな段階で仕事をすることが板についてきた、この段階で何とかやっていけそうだという感覚や心情の自覚を指します。

それぞれのプロセスを見ていきましょう。

1 入口のサイン

自分が新たな段階を迎えていることに気づき、**意識や行動を変える必要性を自覚するきっかけとなる出来事**を指します。

トランジションの入口のサインの例

①スターター（Starter）へのトランジション

・社会人としての言葉遣いや身だしなみを守ることを求められる

・職場に属し、年齢や価値観の異なる人とも交流することが求められるようになる

②プレイヤー（Player）へのトランジション

・後輩が入り、一番下の立場ではなくなる

・明確な業績目標を与えられる

③メインプレイヤー（Main Player）へのトランジション

・複雑かつ関係者の多い業務を任される

・上司から意見を求められたり、後輩からアドバイスを仰がれる

④リーディングプレイヤー（Leading Player）へのトランジション

・リーダー的な立場の業務を任される
・他部署から「あなたのチームとしての考えや方針」を聞かれる

この出来事に合わせて、**上司や周囲から、これまでとは違う内容・レベルの期待を伝えることが**、トランジションの入口では重要です。

これが「もうこれまでの段階とは違うんだ」「今までと同じじゃダメなんだ」と気づく、まさに段階が変わり、求められることも変化することに気づくサインです。

すべては、**このサインに本人が気づくこと（本人に気づかせること）**からトランジションはスタートします。そもそもサインが出ていなければ本人は気づきようがありませんし、もしサインが出ていたとしても本人が気づかなければ意味がありません。

育成のポイント

あなたは部下に対して、

・新たな段階に転換することを期待していることを告げる

・その「期待」とは具体的にどのようなものかを明らかにする
・サインを発信し、部下本人に気づかせる

ことが、育成の重要なポイントなのです。

段階が変わるときに合わせて、昇格して肩書きがつくなどの外形的な変化がある場合もあります。これも一種の入口のサインと言えるでしょう。

しかし、昇格したからといって自動的に何かが変わるわけではありません。部下にどう変わってほしいのかを、どれだけ明示できているでしょうか。思い出してみてください。

たとえば職場に手本(ロールモデル)となる身近な先輩がいない部下は、自分がどう変わったらいいかのイメージを持っていません。つまり、マネジャーであるあなたからの「このように変わってほしい」という期待こそが、部下にとってトランジションを経ていく指針となるのです。

2 トランジションを促進させる体験

新たな段階で期待される役割を果たそうと、**任された仕事を通じて試行錯誤しながら自らを変えていく、チャレンジを伴う体験**、これがトランジションに不可欠です。

トランジションを促進させる体験の例

①スターター（Starter）へのトランジション

・仕事を通して多様な立場や価値観の人と接する体験

・任された（部分的な）仕事について、顧客や周囲の反応を得る体験

②プレイヤー（Player）へのトランジション

・ある業務の担当者として仕事を任され、責任を持って一まとまりの仕事を進める体験

・やり始めるが分からない、うまくいかない、できない、失敗する、他部署や顧客から怒

られる体験

③メインプレイヤー（Main Player）へのトランジション

・顧客や関係者の矢面に立ち、関係者から協力を引き出して動かす体験
・苦労しながらやり遂げた仕事が、周囲や顧客から評価される、感謝される体験

④リーディングプレイヤー（Leading Player）へのトランジション

・職場を代表する立場として参加する業務を持つ体験
・自分一人ではこなしきれない仕事、関係者の多い仕事を担い、人を動かして仕事をせざるを得ない状況に直面する体験

トランジションの入口の門をくぐった部下は、新たな段階で期待される役割と現状の自分との間のギャップに苦しむ時期がきます。

その苦しみに耐えることは決して容易なものではありません。なぜなら、段階が変わるトランジションのタイミングでは、**仕事や人への向き合い方、価値観、ものの捉え方その**

ものを問われる場面が出てくるからです。上の段階になればなるほど、それは自らの人間としての器を問われると言っても過言ではないでしょう。

業務の知識が足りないのであれば、人に聞くなり本を読むなりして勉強しているうちに次第に身につき、時間が解決してくれる部分が大きいものです。

しかし、仕事や人への向き合い方、価値観を変えていくといったことは、時間によって次第に解決されていくものではありません。自分を変えよう、変わろうという決意のもと、初めて解決に向かうものです。

これは、直視しようとすればするほど辛いものです。**今の自分が持っていないものや、苦手なことを求められ、至らない自分自身の姿を受け止めなければならない**からです。できることなら逃れたい、今まで通りやっていたい、得意なやり方でやりたいと、誰しもつい目を背けたくなるものです。

しかし、そこで目を背けたら何も変わりません。今までと変わらない安定は手に入れることができるかもしれませんが、新しい自分との出会いは生まれないのです。それどころか、周囲からの期待と本人の現状とのギャップは開いたままですから、周りから「あの人はいつまで経ってもダメだなぁ」と言われるようになってしまいます。

失敗体験など、「困難な仕事体験」から学び取るしかない

では、上司はどうすればよいのでしょうか。

育成のポイント

よほど成長意欲の高い部下ならば、至らない自分を受け止めつつ、自らの意思で努力を続けてくれるでしょう。しかし、そのような部下ばかりではないからこそ、マネジャーは苦労しているわけです。

その答えは明快です。**実際の仕事体験から学び取ってもらうしかない**のです。

多くのビジネスパーソンの体験談を紐解くと、トランジションが促進される要因には、仕事場面における最後までやりきった体験によるものと、その過程で上司や先輩など、周囲から受けた関わりによるものがあることが分かっています。

その体験は本人にとってチャレンジを伴う困難なものであり、また興味深いことに、その体験とは**失敗体験やうまくいかなかった体験も多い**のです。失敗したという事実、うまくいかなかったという悔しさや苛立ちが、自分を変えよう、変わらなくてはいけないと思う要因となり、さらには、うまくいかなかった原因を振り返ることで、何をどのように変える必要があるのかのヒントを得ることにもつながるのです。

上司として、このような仕事体験をトランジションの時期にタイミングよく割り当てられるかどうかは、一筋縄ではいかないでしょう。しかし、部下にどのような仕事を割り当てるのか、仕事の要求レベルをどの程度に設定するか、これらを決めることができるのは、職場の中でマネジャーであるあなたの他にはいないのも事実です。

どのような仕事を任せるのか、定量的・定性的にどのレベルの成果を求めるのか、なぜその仕事をその部下に任せるのか、そこで何を身につけてほしいのか……これらの問いの答えは、実は、これからお話しする**トランジションを促す方法**にあります。

3 トランジションを促進させる周囲の関わり

部下本人が「トランジションを促進させる体験」の過程で受ける、周囲からの関わりです。

ここで言う周囲とは、上司であるあなただけでなく、職場の先輩や後輩、他の部署の関係者なども含まれます。**周囲から継続的な支援を受けたり、心に刺さるひと言を投げかけられたりすること**を指します。

トランジションを促進させる周囲の関わりの例

①スターター（Starter）へのトランジション

・自分視点でなく、他者視点や多様な観点を示して考えさせる
・安心して相談してきてくれる関係性を作り、励ます

②プレイヤー（Player）へのトランジション

・報告・連絡・相談の徹底を促し、事実と判断の根拠を求める

・一緒に振り返りを行い、できるようになったことや結果が出たことについて認める、ほめる

③メインプレイヤー（Main Player）へのトランジション

・日頃から声をかけ、仕事の抱え込みの状況を把握しておく

・仕事に対する考え方や持論を語り合う

④リーディングプレイヤー（Leading Player）へのトランジション

・自分で手を動かして進めようとすることを注意する

・チームの成果を重視することを示す

トランジションを促進する要因として、**仕事の体験と同時に両輪を成すものが、周囲の関わり**です。

育成のポイント

具体的には、次のような声かけが有効です。

・トランジションに向き合わせる

「忙しいのは分かるが、君がちゃんと後輩に指示を出したり仕事の進み具合を気にかけてあげないと、彼はまだ自分ではそこまで仕事を回せないぞ。そこをもっとちゃんとやらなきゃ、結果的に自分も苦労するんだよ」など。

再三述べてきたように、段階の転換を図ることは容易ではなく、部下はついこれまでのやり方を続けようとするものです。無自覚にこれまでのやり方を続けようとする部下もいれば、転換が難しいことを知って諦めようとする部下もいるでしょう。このようなとき、逃がさずトランジションに向き合わせるのです。「今後はそれではいけない」ということや、「どのように変わってほしいか」を告げる、「思い切ってチャレンジしてほしい」と背中を押すなど、**注意や要望をする関わり**がこれに当たるでしょう。

・チャレンジへの安心感を持たせる

「**君が担当する仕事が難しいのは分かっている。だからこそ思い切ってやってみなさい。私も先輩の○○も、困ったときには協力するから**」など。

チャレンジを伴う体験では失敗することへの不安がありますし、これまでのやり方を変えることに抵抗感があるものです。そのような中でも頑張ろうと思えるよう、安心感や信頼関係を築くのです。「今の状況はどうだ」「何かあれば相談に乗るよ」と声をかける、「(まだうまくいってはいなくとも) やろうとしている方向性はそれで合っている」など、日頃から声をかけ**相談に乗る、ほめる・認めるといった関わり**がこれに当たるでしょう。

・視野を広げる

「**それはうちの部署の論理だろう? 営業、開発はこの件をどう見ているんだ? そもそも、お客様にどんな影響が出ると思う?**」など。

自分が持っていない視野に自分自身で気づくのは大変難しいもの。なぜなら、自分が持っていない視野は、自分にはまだ見えていない世界だからです。これに気づくには、体験の過程で、すでにその視野を持っている人からの関わりを受けることが効果的です。「この人の立場・状況から見たらどうか」「こういう観点で見るとその案でよいのか」「なぜそう思うのか」など、**部下が気づいていない視野を提示したり、根拠を問うような関わり**がこれに当たるでしょう。

・体験の意味づけをさせる

「今回は苦労したと思うが、よく頑張ってくれた。何より君自身が難しいと言っていた、他部署の人とうまく関係を築きながら仕事をするということが、今回の仕事で身についたんじゃないのか？」など。

体験と周囲の関わりがトランジションを促進させるわけですが、体験や関わりそのものが大切なのではなく、重要なことは体験や関わりを通じて部下本人がそこから何に気づき、学び取るかです。

同じ体験を積んでも、そこから多くを学ぶ人とそうでない人がいます。せっかくよい体験をしても、そのまま放っておいては、そこから学ぶかどうかは本人任せになってしまいます。**周囲が関わることによって、体験と学習を結びつける**のです。

特に、若手社員の場合は、振り返りをする力が未熟です。大変な思いをした仕事や、失敗した体験などは、なかなか意味づけられず、それどころか「思い出したくもない」と頭の中から捨て去られてしまいます。これではせっかくの学びの機会が台なしです。一緒に振り返りをすることで、一段高く長期的な視野から「その体験を通じて何を学んだのか」「それは自分にとってどういう意味を持つのか」などを問いかけ、言葉にしてあげるとよいでしょう。**振り返りを通じて内省（自分自身への問いかけ）を促すような関わり**がこれに当たります。それはまさに、体験を糧にする作業です。

コントロールできるものと、そうでないものがある

マネジャーからすると、こういった周囲の関わりには、コントロールできるものとそうでないものがあります。コントロールできるものとは、すなわちあなた自身による、**上司**

から部下への関わりです。部下の動きを見ながら、意図を持って関わることができる、コントロールできるものです。また、若手社員に面倒見役のような形で中堅社員をつけているような場合も、中堅社員を通じて間接的に指導できるわけですから、これも比較的コントロールできうるものと考えられるでしょう。

一方、**他部署や協力会社、顧客からの関わり**になるほど、コントロールできないものになってきます。しかし、よくつき合いのある部署や、懇意にしているお客様に対しては、あらかじめ上司であるあなたから「彼はこういうところがあるから、もしそんな場面があったら率直に言ってやってください」と伝えておくことで、多少はコントロール可能な領域に入ってくるものかもしれません。

ここで伝えたいことは、**コントロールできるあなたから部下への関わりは意識的・意図的に行おう**ということと、コントロール可能な領域をできるだけ広げ、**よりたくさんの人からトランジションの促進につながるような関わりが得られるようにしておこう**ということです。いろいろな人から、できるだけたくさんの関わりを受けることで、トランジションが進む確率を上げ、かかる時間も短くするのです。

逆に言うと、そのような状況が作れなければ、マネジャーであるあなたがすべて一人で関わって指導するか、放ったらかしでそのうち育ってもらうのを待つか、どちらかになってしまいます。

詳しくは4章で述べますが、職場では部下のメンバー同士がお互いの成長に向けて関わり合う、**指導・育成のネットワーク**を作りたいものです。あなたからの関わりだけでなく、職場でより多くの人から関わりを受けられる状況を作ることで、あなたの部下育成のための負担も軽減され、部下もより早く効果的にトランジションを果たすことができるのです。

4 核心となる2つの意識・行動

新たな段階を迎え、**以前の段階から特に変えるべき意識・行動**が出てきます。体験や周囲の関わりを通じて、学び、身につけてほしい意識・行動です。核心となる意識・行動には、「抑える」ものと「伸ばす」ものがあります。

「伸ばす」についてはは言うまでもありませんが、「抑える」は聞き慣れないかもしれません。

簡単に言うと、これまでの意識を卒業する、これまでやっていた言動をやめるということです。先ほど、トランジションには苦労がつきものと言いましたが、それは**「伸ばす」だけでなく同時に両輪として「抑える」ことを身につける必要がある**からです。

核心となる意識・行動の例

①スターター（Starter）へのトランジション

・抑える：必要なことは教えてくれるもの、与えられるものという「待ち」の姿勢でいる
・伸ばす：自分（部下自身）の言動が相手にどう伝わるかを意識する

②プレイヤー（Player）へのトランジション

・抑える：できない理由ばかりを並べて、できることは何かを探そうとしない
・伸ばす：相手の言わんとしていること（内容、意図、期待）をしっかりと聴き、把握する

③メインプレイヤー（Main Player）へのトランジション

・抑える：関係者やチームワークに気を配らず、自分の仕事ばかりに没頭する

・**伸ばす**：関係者に自ら働きかけ、協力を引き出せる関係性を築く

④リーディングプレイヤー（Leading Player）へのトランジション

・**抑える**：他のメンバーを動かすよりも、自分で直接手を動かすことで仕事をこなしてしまう

・**伸ばす**：課やチームの成果を最大化するために、今自分が最もやるべきことは何かを考える

「抑える」と「伸ばす」を両輪として、トランジションを果たす

段階が変わることによって、学び、身につけなければならないことはたくさんあるでしょう。その中でも特に身につけるべきこと、変えるべきことが、この核心となる意識・行動です。

先に述べた体験や周囲の関わりは、むやみに体験を積ませ、関わればいいというわけで

はありません。ここで紹介するような意識・行動を身につけてもらうために、それを意図して体験を積ませ、部下に関わりたいものです。

新たな段階に適応していくときのビジネスパーソンの体験談から、核心となる意識・行動には「抑える」ものと「伸ばす」ものの2つがあることが分かっています。新たに身につけることや、さらに磨くことといった「伸ばす」ものだけでなく、これまでの段階ではやってきたことだが、新たな段階ではしないようにするといった「抑える」ものがあるのです。

これまで育成や教育、成長という言葉を耳にすると、私たちはつい「伸ばす」ものばかりに目が向きがちだったように思います。いつも追加で何か新たなことを学び、身につけるもの、と考えていたのではないでしょうか。それは一側面としては正しいのですが、同時に、以前の段階での意識や行動でうまくいっていたとしても、新たな段階では抑えなくてはならないこと、やめなくてはいけないものもあることを、理解しなければなりません。

この**「抑える」ものと「伸ばす」ものがセットで身について、初めて新たな段階へ「トランジション（転換）」できるのです。**「伸ばす」方向にばかり努力して、「抑える」べきも

「伸ばす」だけでなく、「抑える」意識・行動も身につける

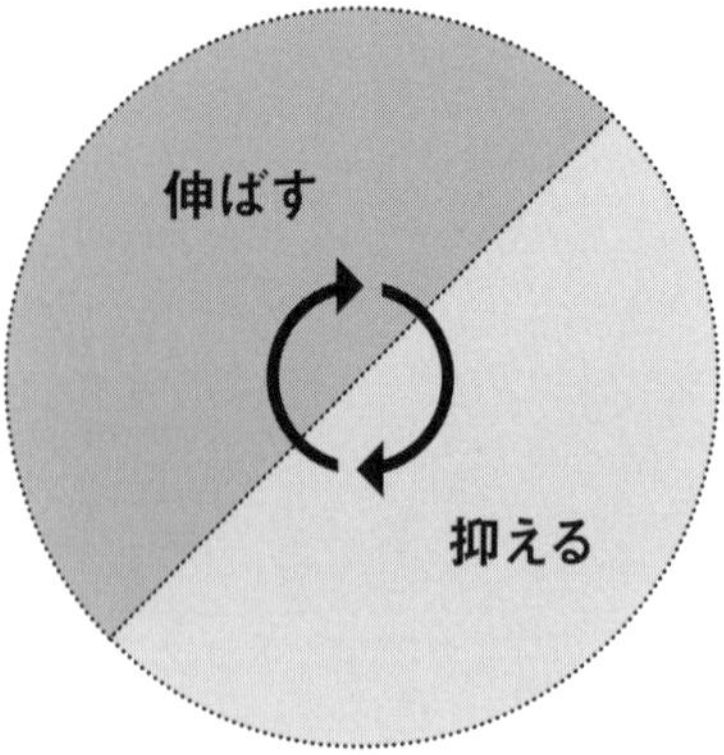

両方身について、初めて次の段階へ転換できる

のを放置しているがゆえに、新たな段階に適応できない、成果が上がらないという人も多いのです。これまで持っていた意識や、やってきた行動は、本人の癖のようになっていることも多いですから、これを「抑える」ことにも努力がいります。

核心となる意識・行動は各段階のトランジションごとに複数ありますが、すべてではなくとも、このうちいくつかができるようになってくれれば、次で説明するトランジションの出口のサインが見えてきます。

5 出口のサイン

新たな段階で仕事をすることが板についてきた、この段階で**何とかやっていけそうだという感覚や心情の自覚**を指します。

トランジションの出口のサインの例

①スターター（Starter）へのトランジション

・素直に自分の思ったことを発言できるようになる
・「お客様のために」と言うことに、気恥ずかしさを覚えなくなる

②プレイヤー（Player）へのトランジション

・言われたままやるだけでなく、自分の意見も混ぜながら仕事を進められるようになる
・自分で解決できなくても、誰に聞けばいいかが分かってくる

③メインプレイヤー（Main Player）へのトランジション

・担当分野について自分なりの考えを持ち、いろいろな角度から語れるようになる
・関係者の相手の反応が予測できるようになり、それを見越して行動できるようになる

④リーディングプレイヤー（Leading Player）へのトランジション

・自分のことだけでなく、職場の他のメンバーや組織の業績に関心が向くようになる
・指導している後輩の成長を感じたり、後輩がよい評価をされたことを嬉しく思うようになる

核心となる意識や行動のうちいくつかが身についてくると、何かのきっかけで、新たな段階で仕事をすることについて、ふと「**板についてきた**」という**感覚を得る**ときがくるでしょう。うまくやれているという感覚にはまだ程遠いかもしれませんが、「**何とかこの段階でやっていけそうだな**」**という気持ちになる**のです。これがトランジションの出口のサインです。

非常に感覚的なものですから、新たな段階で具体的な成果が上がるようになったかと言うと、そこまでは至っていないことが多いです。しかし、本人の気持ちはそれまでと大違

いです。試行錯誤の中から一筋の光が見えた、うまくいかないことが続いたが何かコツがつかめてきた……安堵感とともに、新たな段階の仕事が「大変なもの」から「面白いもの」へと変わっていく時期でもあるのです。

出口のサインは、何かのきっかけでふと気づくものです。初めはなかなかうまくいかなかったことも、意識して何度も繰り返し行っているうちに、あるときふと以前よりできるようになっている自分に気づくでしょう。以前と何か違うな、と自分自身で気づくこともあれば、自分が協働している関係者の反応や言動が変わったり、実際にその相手から言われて自分の変化に気づくこともあります。

出口のサインを知らせるための言葉がけ

出口のサインを知らせるための、上司の言葉がけには、次のようなものがあります。

「最近できるようになってきたな」

「ここまでよく頑張ったなあ」

「○○さんがお前のことを『あいつ最近変わってきたな』と言っていたよ」

「頑張れ」と伸ばすことに注力する上司はいても、「頑張ったな」と**ねぎらいの声をかける**上司は少ないのではないでしょうか。これこそが「出口のサイン」に欠かせない言葉がけなのです。また、自分自身では気づいていない小さな変化も、周囲は意外と敏感に察知しているもの。それを告げられることで、出口のサインに気づくことも多いものです。

出口のサインが見えてきたら、後は反復です。仕事の経験を積み、まだ身についていない意識や行動を学びながら、新たな段階の仕事で成果を上げていくのです。

コラム

30代は人生における大きな転換期

「トランジション」という言葉は、もともと仕事に限らず人生における様々な経験や出来事を経ていくプロセスに着目した概念です。

臨床心理学者で個人のキャリア発達理論にも大きな影響を与えてきたウィリアム・ブリッジズはその著書『トランジション』の中で、「トランジションは生きる方向を見失ってから再発見するまでのプロセスだ」と語っています。それは人生の節目で起きる変化であり、成長過程のターニング・ポイントでもあると言います。結婚や出産、転職をはじめ、子供から成人への成長過程など、人生はトランジションの連続です。

特に**30代は人生における大きなトランジションである**という指摘は、多くの人の共感を呼ぶものでしょう。仕事や家庭では人生の節目と言える変化が次々と起こり、将来への不安や人生への疑問がわく時期です。これまでの自分を見つめ、将来を思い描いたときに、「自分は果たしてこのままでいいのだろうか」「自分が本当にやりたいことはいったい何だろうか」という悩みにさいなまれる人は多いでしょう。

本人にとって、トランジションは苦痛を伴う変化です。これまでのアイデンティティを喪失し、自分が何者かはっきりしない、どこに向かっているのか分からないという不安定な状態が続くからです。

また、ブリッジズは、トランジションには3つの段階があり、「終わり」と「始まり」、その間に「ニュートラル・ゾーン」があるとしています。

「終わり」は、自分を取り巻く環境や状況が変化する中で、うまくいっていたことがうまくいかなくなることから始まると言います。これまでの安定が崩れ、失うものに対する恐怖心がわき、不安定な状態になるのです。そして「ニュートラル・ゾーン」は喪失・空白の時期であり、喪失感や空虚感を素直に受け止め、耐える時期としています。それは暗闇を手探りで進むようなものですが、次の「始まり」に向けて必要な時間なのです。これまでの自分の「終わり」を迎えてから、これからの新しい自分の「始まり」のために、内的な再方向づけをする大切な時間だと言います。

これらはいずれも、人生の様々な節目における変化としてトランジションを捉えたものですが、本書ではビジネスパーソンとしての段階が変わるタイミングに注目し、トランジションの考えを扱っています。

ブリッジズの言葉を借りるならば、ビジネスパーソンの段階が変わるときにも「終わり」「ニュートラル・ゾーン」「始まり」を経ます。段階が変わったことで、周囲から求められていた期待や役割が変わり、それまでのようには仕事がうまくいかなくなります。

これはまさに、今までの段階が終わりを告げたことに他なりません。そこでもがいてみたり試行錯誤する過程で、しばらくすると何かのきっかけで新たな段階での仕事に楽しさを覚えたり、コツをつかめたりと、新たな段階の始まりを迎えます。途中のニュートラル・ゾーンは苦しみに耐える時間ですが、**新たな段階を迎えることから目をそらさず適応していこうとすることが、次の段階でいきいきと働く自分を作るための大切な時間なのです。**

本書では、企業でのビジネスパーソンにおいては、仕事の体験や周囲の人々との関わり合いの過程でトランジションのプロセスが効果的に進んでいくと考えています。

3章

ステージ別に部下を育てる

マネジャーが、部下に関わる3つの場面

2章では、ビジネスパーソンが仕事の体験や周囲との関わりの中でトランジションしていく過程を紹介しました。3章では、部下をトランジションさせるために、上司として具体的にどう関わればよいのか見ていきます。「伸び悩んでいる若手がいる」「中堅に自覚が足りなくて困る」といった課題を解決するヒントも得られるでしょう。

部下がどのステージにいたとしても、トランジションを促進するためにマネジャーとして関わる場面は次の3つです。

(1) 仕事を割り当てる
(2) 良し悪しを伝える
(3) 支援する

ここからは、ステージ別に（1）～（3）の場面で具体的に何を行えばいいのか、説明します。

1 スターターの育て方

スターターのステージでは、社会や会社の一員であるという姿勢を持ち、周囲との関係性を築くことが求められます。しかし、自分が納得できないことやうまくいかないことを他者や環境のせいにしてしまい、職場にうまくなじめない場合もあります。そうならないよう、上司として次のような関わりを実践してください。

（1）仕事を割り当てる

☑お客様や他部署の視点に触れる機会を作る

「相手はどう考えているのか」を意識する・想像することは、ビジネスパーソンにとっては非常に重要な姿勢です。スターターには、他者の視点に触れさせる機会をできるだけ多く作ってあげましょう。たとえば、他部署とのミーティングやお客様への訪問などです。その際、他部署の人に、「私たちはこう考えている」ということを分かりやすく発言してもらえるよう、お願いしてもよいでしょう。

☑ できるだけ多くの同僚・先輩と触れ合う機会を作る

スターターには、自分から積極的に周囲の人と触れ合って、職場になじんでほしいと思うものですが、なかなか自分から声をかけていくことは難しいでしょう。

そこで、上司としては、歓迎会やランチの場などを利用して、とにかくスターターが周囲とコミュニケーションを取れる機会を数多く与えることを意識しましょう。「新人とランチするバトン」を作って部署内で順番にリレーする、といったイベントにしてもよいでしょう。

(2) 良し悪しを伝える

☑ 小さな前進を認める

どんな些細なことでも、「新たにできるようになったこと」を見つけたら、積極的にほめて認めるように心がけましょう。周囲から見ると何でもないことであっても、スターターにとっては大きな出来事です。見逃さないよう注意しておきましょう。

☑ 社会人として求められる「基準」を明示する

スターターは、何がビジネスパーソンとしてふさわしい行動なのかという基準がまだ持てていません。服装や言葉遣いなど、学生であれば問題にならない行動でも、職場にふさわしくないものは多くあります。この時期に身につかなかったことは後から直すのは難しくなるので、時には厳しく伝えることも必要です。

(3) 支援する

☑ こまめに声がけを行い、職場への安心感を醸成する

スターターの状態として一番避けたいのが、周囲となじめず、コミュニケーションが取れなくなることです。スターターが困ったときにはいつでも相談に乗れるよう、普段からこまめな声がけを行い、安心感を持たせるようにしましょう。たとえ、あいさつだけであっても「見ていてくれている」という感覚を持つものです。他の部下からも話しかけるように言っておきましょう。

☑ 他者視点で考えさせる

お客様や他部署の視点に触れる機会を作ったとしても、スターターが自分自身で「相手の期待は何か」ということに思いを巡らせるのは、そう簡単ではありません。上司としては、「**お客様から見るとどう見えるだろう？**」「**○○さんの期待は何だろうね？**」といった問いかけを意識的に行うことで、新人に考えさせる支援を行いましょう。たとえば服装についても、ただ規定に従って注意するのではなく「**お客様が見たらどう感じると思う？**」といった観点から自己チェックをさせるとよいでしょう。

2 プレイヤーの育て方

プレイヤーのステージは担当業務を持った上で、自ら働きかけて周囲に教えを乞い、責任を持ってやりきることが求められます。しかし、うまくいかないときに、一人で悶々と問題を抱え込んだりする場合もあります。そうならないように、上司として次のような関わりを行いましょう。

（1）仕事を割り当てる

☑ 担当業務を持たせる

スターターが「先輩のお手伝い」業務が多いのに対し、プレイヤーは自分の担当業務を持つようになります。

たとえば、営業職であれば、一人でお客様を担当することになるでしょう。その際、本人が「ここまでが自分の仕事」と理解できるよう、責任範囲を明示し、担当させましょう。

☑ 相談相手とセットで仕事を割り当てる

業務を任せたとはいえ、まだプレイヤーはひとり立ちしたばかり。独力で成果を上げるには、力が不足していることも……。そこで、仕事を割り当てる際には、「誰に相談しながら進めればよいか」をアドバイスしておきましょう。これは、仕事の質を担保しながら、相談を通じて人から学び、力をつけてもらうためです。

（2）良し悪しを伝える

☑ 自分の考えを持つことを求める

担当業務を持たせることと合わせて、その業務についてどう進めようと考えているのかを確認していきましょう。「言われたことをそのままこなしている」と感じたら、「自分の考えを持って仕事を進めてほしい」ということを、明確に伝えてください。「**○○さんはどう考えるの？**」といった問いかけも有効です。

☑仕事の進め方についてのフィードバックを行う

プレイヤーは、仕事の進め方の基本を身につけておく重要な時期です。報連相（報告・連絡・相談）やPDS（Plan-Do-See　計画・実行・検討）について、うるさいくらいの指摘をしておきましょう。

週に1度、定例でミーティングを行い、一緒に仕事の進め方について確認するのもよいでしょう。

（3）支援する

☑プレイヤーが協力を得やすい状況を作っておく

プレイヤーになったばかりだと、任された担当業務を最初から独力でこなせるわけではないので、周囲に助けてもらう必要があります。プレイヤーが助けを求めやすいように、他の部下には、「○○が困ったら声をかけてくると思うから、助けてあげて」などと、根回しをしておきましょう。ただし、プレイヤーには自分から相談をしに行くよう、求めてください。

振り返り方を教える

プレイヤーの時期は、どうしてもうまくいかないことが多くなりがちです。

その際、気をつけたいのが、自己中心的に考えたり、うまくいかないことを前任者や他部署のせいにしてしまったりすることです。そのような状態に陥ると、この先の成長が見込めなくなります。それゆえ、失敗を振り返って、自分を客観視できるように「何が原因でうまくいかなかったのか？」「周囲にどんな相談をすればよかったか？」を考えさせるようにしましょう。

3 メインプレイヤーの育て方

メインプレイヤーは、担当業務に精通し、関係者を巻き込みながら成果を出すことが求められます。しかし、自分の判断基準が持てないでいると、関係者の意見に振り回される可能性もあります。そうならないよう、上司として次のような関わりを行いましょう。

（1）仕事を割り当てる

☑ 一人ではやり遂げることが難しい質・量の仕事を与える

いよいよ一人前になるステージ。質・量ともにこれまでにないくらいの背伸びをさせる仕事を割り当てることが、成長につながります。とりわけ、同じ部署の上司や先輩だけでなく、他部署を巻き込み、協力を得なければ成果を出すことが難しい業務を思いきり任せるとよいでしょう。顧客や関係者の矢面に立ち、彼らの協力を引き出す経験が、仕事に対する自負を持つことにつながります。

☑ 後輩指導を任せる

後輩がいれば、その育成担当を任せてみましょう。人に教えることでメインプレイヤーも成長することができますし、次のステージ、リーディングプレイヤーを見越すと「人に関わり、動かす」経験を積んでおくことは、糧になります。

（2）良し悪しを伝える

☑ 抱え込んでいないか確認する

メインプレイヤーとしての責任感から、すべて自分でやってしまおうとする部下もいるでしょう。そうすると、そもそも一人ではこなせない業務のはずですから、進捗は滞りがちになります。上司としては、定期的に業務の進捗をチェックし、「遅れ始めたな」と感じたら、「**あの件、どうなってる？**」などと、抱え込みの状況をチェックし、指摘しましょう。

☑ 仕事の判断基準を確認する

関係者を動かしていく必要があるこのステージでは、いろいろな意見に振り回されてしまい、メインプレイヤー自身で判断できなくなることがあります。上司としては、メインプレイヤーの判断に対して、ＯＫなのかＮＧなのかを、折に触れて伝えることが必要でしょう。相談を受ける際には、対処の妥当性だけでなく「なぜ、そのように判断したのか？」という根拠を確認しましょう。

（3）支援する

☑直接手は出さず、アドバイスだけ行う

もし、抱え込みの状況が分かったら、どう対処すればいいのかアドバイスをしましょう。抱え込んでしまう原因は、最初の段取りがまずいことにあります。「誰に」「何を」「いつまでに」お願いすればよいのか、一緒に確認しましょう。マネジャーとしては手を差しのべたくなりますが、できるだけアドバイスにとどめ、部下本人の主体性に任せましょう。

☑仕事に対する考え方を語る

メインプレイヤーの仕事の判断基準（何を重視して仕事を進めるか）が明確になるように、マネジャーは意識しましょう。方法としては、マネジャー自身の仕事に対する考え方を語ることです。あなたが、それぞれの業務で「何を判断基準にしているのか？」を共有する

とよいでしょう。

部下本人にも、「どういうことを大事にして業務をしてきたのか」を説明させることも重要です。

4 リーディングプレイヤーの育て方

リーディングプレイヤーには、自らの担当業務を進めるだけではなく、メンバーを育て、チームで成果を上げることが求められます。しかし、周囲や組織に無関心な人の場合、チームで成果を上げるための動きが身につかない恐れがあります。そうならないよう、上司として次のような関わりを行いましょう。

(1) 仕事を割り当てる

☑ プロジェクトやチームのリーダーに任命する

リーディングプレイヤーには、「チームをどう束ねていくのか」「このプロジェクトをどう運営するか」という視点を持ってほしいものです。そのために、明確に分かる形でリーダーの役割を与えましょう。「自分のことだけ考えずに、全体のことを見てほしい」というあなたのメッセージを伝えるためです。

☑マネジャーのサポート役を任せる

職場の方針や部下への仕事の割り当て方について、リーディングプレイヤーに、一緒に考えるように求めましょう。マネジャーと同じ視界を共有し、サポートしてもらうことができれば、あなたの職場運営はずいぶんとラクになるはずです。

（2）良し悪しを伝える

☑自分で手を動かすことを戒める

リーディングプレイヤーへのフィードバックは、「チーム全体を視野に入れているのか？」という点に集約されます。自分で手を動かすことばかりに没頭し、協働する後輩や関係者にうまく仕事を分担できない部下もいると思いますが、見かけたら指摘するようにしましょう。仕事の成果についても、本人が手を動かしたものだけでなく、チームメンバーを動かして上げた成果を評価しましょう。

職場全体を見た動きを評価する

リーディングプレイヤーが、マネジャーとメンバーの間を取り持つ役割を果たしてくれたら……。上司のあなたにとって、これほど頼りになる部下はいないでしょう。

「メンバーがこういうことを言ってきています」ということを伝えてくれた場合は、感謝の気持ちを表現しましょう。また、職場運営についての率直な意見は、反対意見も含め受け止め、一緒に考える姿勢が重要です。

（3）支援する

部下育成についての会話を交わす

メンバーそれぞれの特徴や、今後どんな風に育成していこうと考えているかを、話しましょう。加えて、どのように指示すればメンバーが動いてくれるのか、といったあなたの経験を惜しげなく伝えましょう。

部下の仕事の進み具合や気持ちの状態について、リーディングプレイヤーのほうが自分より詳しくつかんでいると感じるようになったら、育ってきている証拠です。

意見を交換しやすい関係を作る

マネジャーとリーディングプレイヤーの関係が良好かどうかは、職場の雰囲気に大きく影響します。普段から、リーディングプレイヤーとコミュニケーションを積極的に取り、職場の状況について率直に話し合える関係を築いておきましょう。

ステージ別育成の具体策

ある営業部の場合

マネジャーとして関わる3つの場面（仕事を割り当てる、良し悪しを伝える、支援する）を通じて、トランジションの「核となる意識・行動」（「抑える」と「伸ばす」）を部下が身につければ、自然とステージ転換を促すことになります。より具体的な場面をイメージするることでリアリティが持てるよう、ストーリー形式で進めていきます。

【場面設定】

営業部　営業企画課　営業促進のための様々な支援を行う。

【登場人物】

鈴木マネジャー：営業部営業課から、営業企画課に異動してきたばかり

谷口さん：入社1年目

河合さん：入社2年目

加藤さん：入社3年目

渡辺さん：入社5年目

斉藤さん：入社7年目

山崎さん：入社10年目

【プロローグ】

10月初旬。鈴木マネジャーは、慣れない営業企画課の席で、いつもとはまったく異なる期初を迎えていた。入社して以来、営業一筋でやってきたのだが、この秋、

営業企画課に異動してきたのだ。まだ、仕事の全体像もつかめていないし、課のメンバー一人ひとりの人となりも知らない。

初めて課の全員が集まったミーティングでは、

「これまでずっと営業でやってきたので、営業の立場はよく分かっているつもりです。今後は、その営業をこれまで以上にサポートできるような組織にしていきたいと思っています。ぜひ、皆の力を貸してほしい。分からないことだらけで、最初は教えてもらうことのほうが多いかもしれませんが、どうぞよろしく」

とあいさつをした。メンバーの反応は様々で、年長者の山崎さんはお手並み拝見といった様子であったり、中堅の渡辺さんたちは、何か新しいことに挑戦できるかもしれないという、期待感を抱いているようであった。

着任して最初の2週間で、部下全員と面談をした。鈴木マネジャーは「ものさし」の考え方を用いて、それぞれの部下がどのステージに位置しているのか、おおよそのあたりをつけることができた。

谷口さん：入社1年目　①**スターター**へのトランジション中
河合さん：入社2年目　②**プレイヤー**へのトランジション中
加藤さん：入社3年目　②**プレイヤー**として活躍中
渡辺さん：入社5年目　③**メインプレイヤー**へのトランジション中
斉藤さん：入社7年目　③**メインプレイヤー**として活躍中
山崎さん：入社10年目　④**リーディングプレイヤー**へのトランジション中

「トランジション中は4人か。予想より多いが、まずはこの4人の育成を進めていこう」と鈴木マネジャーは決めた。

1 スターターの育成

鈴木マネジャーの部下の中で、唯一の①スターターが入社1年目の谷口さんです。谷口さんは入社して2カ月の研修期間の後、6月に配属されました。配属されて4カ月が経ち、そろそろ「新人」という見方もされなくなってくる頃。上司としては早くスターターへのトランジションを完了して、次は②プレイヤーへ……と先を急ぎたい気持ちにもなります。ところが、スターターは入社と同時にトランジションを迫られますし、これまでの学生時代とはまったく異なることを求められますから、決して簡単な転換ではありません。

そこで、いきなり「社会人になったのだから、これくらいできて当然」という期待をかけるのではなく、ある程度のトランジションの期間（数カ月から半年。研修期間が長い場合は1年弱かかる場合も）を見通しておく必要があります。では、鈴木マネジャーと谷口さんのやりとりを見てみましょう。

いつものように鈴木マネジャーが出社して、パソコンを立ち上げメールをチェックしていると、一通の新着メールが飛び込んできた。谷口さんからのメールで、本文にはこう書かれていた。

「お疲れ様です。今日、体調が悪いのでお休みを取らせていただきたいと思います。よろしくお願いいたします」

鈴木マネジャーは少し心配に思いつつも、

「お大事にしてください。何かあれば電話で連絡をくださいね」と返事をして、

行き先ボードの谷口さんの欄に「お休み」と記入した。

しばらくすると、渡辺さんが出社してきた。

「鈴木マネジャー、おはようございます。……あれ、今日、谷口さんお休みですか？　今日、打ち合わせを入れていたのになあ。お願いしたい仕事もあったし、どうしよう……」と困惑した様子。

いかがでしょうか。どのように感じましたか？

「谷口さんはけしからん」「鈴木マネジャーの対応もいまいちでは？」など、いろいろと思われたかもしれません。では、ここで質問です。

「あなたが鈴木マネジャーだったら、翌日出社してきた谷口さんに何と声をかけますか？」

選択肢は次の３つです。

（1）体調についてもう大丈夫なのかと気づかう

（2）休みを取ることの連絡方法について、指摘をする

（3）渡辺さんに謝るよう指示をする

実は、どれも正解なのですが、谷口さんのスターターへのトランジションを促す上では必ずしなければならない関わりがあるのです。それはです。スターターである谷口さんには、社会人として求められる「基準」を明示する必要があります。これが、上司が関わる場面で「良し悪しを伝える」ということです。

（2）休みを取ることの連絡方法について、指摘をする

先ほどのケースでは、スターターの「核心となる意識・行動」に照らすと、欠勤するという連絡をメールでのみ行った谷口さんの行動が、抑える意識・行動の

☑ すべてメールで解決しようとする

に該当しています。

マネジャーとして関わる際にはこの点に言及し、

「重要または緊急の連絡に関しては、相手に確実に伝わることを重視して、その場で伝わったことが確認できる電話で行うべきだよ。メールは、いつ確認できるか分からない。その点、電話なら相手がいなくても別の人に伝言をお願いするなど、対処の幅が広がるからね」

①スターターの核心となる意識・行動

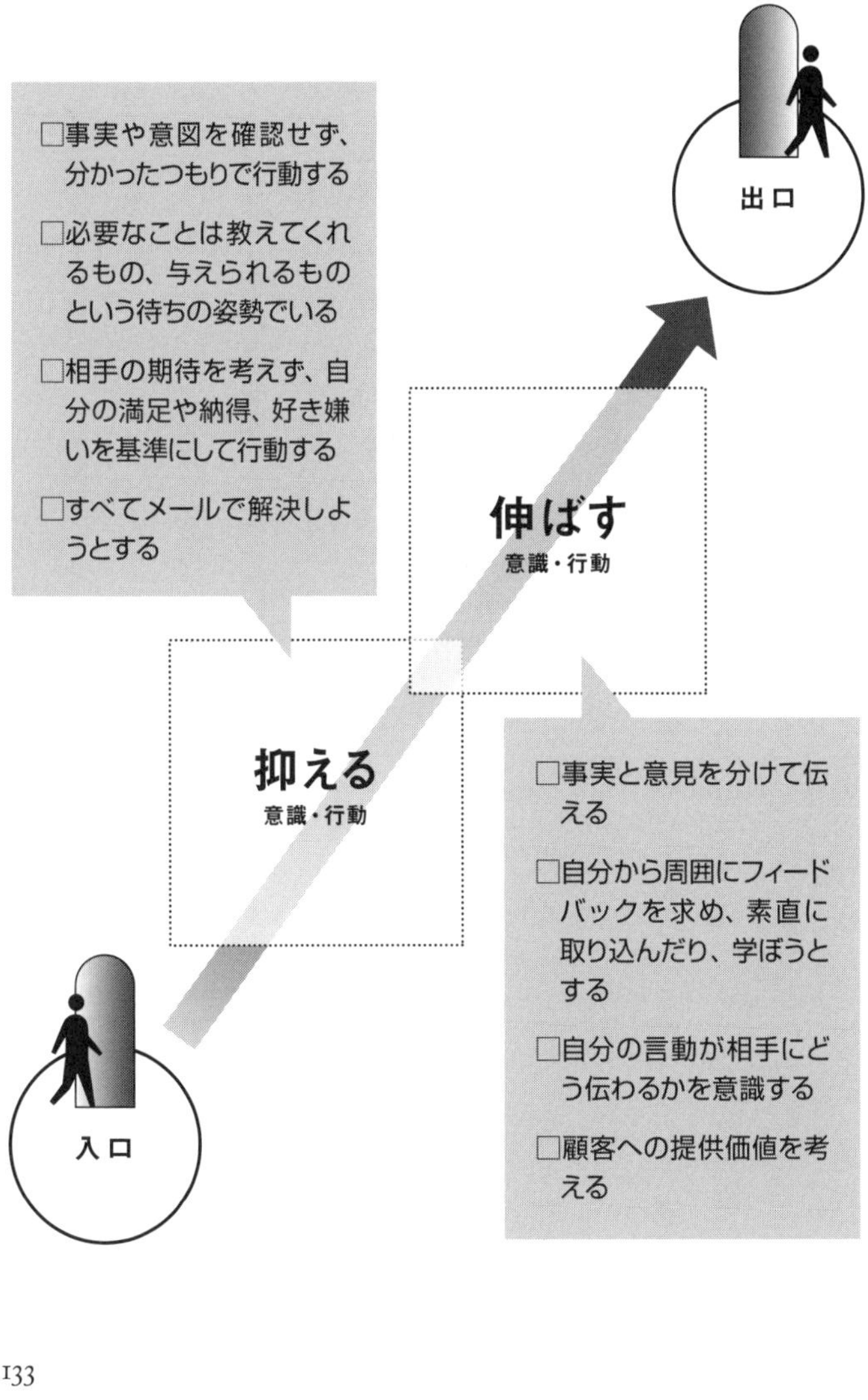
出口
□事実や意図を確認せず、分かったつもりで行動する
□必要なことは教えてくれるもの、与えられるものという待ちの姿勢でいる
□相手の期待を考えず、自分の満足や納得、好き嫌いを基準にして行動する
□すべてメールで解決しようとする
伸ばす
意識・行動
抑える
意識・行動
□事実と意見を分けて伝える
□自分から周囲にフィードバックを求め、素直に取り込んだり、学ぼうとする
□自分の言動が相手にどう伝わるかを意識する
□顧客への提供価値を考える
入口

などと、指摘する必要があるでしょう。少々丁寧過ぎるのでは？と感じられるかもしれませんが、特に最近の新入社員は、「必要性がきちんと理解できたことに対しては素直に行動に移す」傾向があるため、

「何でメールなんだ！　こういう場合は電話が当然だろ！」

と一喝するのではなく、**理由を添えること**が実践や応用につながります。

併せて、

「もしこれがお客様への緊急連絡であればどうする？」

など、お客様や他部署の視点に触れる機会を作れれば、より応用が利くでしょう。

もう一つ、伸ばす意識・行動の

☑自分の言動が相手にどう伝わるかを意識する

ことにも触れるのがよいでしょう。今回、谷口さんが休んでしまったことで、渡辺さんとの打ち合わせをすっぽかすことになってしまいました。渡辺さんとしては、どんな気持ちになるでしょうか。「約束していたのに勝手だな」と思うのか、はたまた「この仕事は谷口さんにとって大事ではないのだな」と判断されてしまうかもしれません。たとえ、谷口さ

んにそんなつもりがなく、体調不良が原因だとしてもです。

このとき、

「渡辺さんと打ち合わせがあったそうだね。ちゃんと本人に『行けない』と伝えたのか？何も連絡がなかったら、渡辺さんはどう思ったと思う？ 自分が渡辺さんだったらどう感じる？」

と、他者視点で考えさせることも大事です。


では次の場面です。


さらに1カ月ほど過ぎ、谷口さんは渡辺さんの指示のもと、年明けに行うお客様向けの新商品説明会の準備を進めていた。

鈴木マネジャーも参加した会議の席でのこと、お客様宛の招待状の中身を議論していると、これまで発言の少なかった谷口さんがおもむろに口を開いてこう言った。

「実は私、昨年度の新商品説明会のときに、お客様に取ったアンケートを見直してみたんです。そうすると、特に多かったご要望は『あらかじめどんな商品が題材で、何にどれくらい時間がかかるか分かっておきかった』というものだったのです。半数以上のお客様の声としてありました。だから、来年度はこれまでのものより、説明会で扱う商品について内容を充実させた招待状がよいと思います」
と発言した。

では、このような場面で鈴木マネジャーだったら、次のうち、どの対応を取るでしょうか。

（1）谷口さんにお客様宛ての招待状の作成をすべて任せてみる
（2）谷口さんの意見を聞いた上で、先輩の渡辺さんと一緒に作業させる
（3）確実に仕事を進めていく必要があるので、「昨年どおりでよい」と指示をする

いかがでしょうか。

結論を出す前に谷口さんの発言を確認してみましょう。谷口さんは「お客様のためにも、より詳細な招待状を出すべき」と提案をしていますが、根拠なく言っているわけではなく、「半数以上のお客様の声としてありました」という事実をつかんでいることから、伸ばす意識・行動の

☑ **事実と意見を分けて伝える**

ができ始めています。また、誰かに言われたわけでもないのに、お客様に取ったアンケートを見直してみたという行動は、抑える意識・行動の

☑ **必要なことは教えてくれるもの、与えられるものという待ちの姿勢でいる**

ではなく、自分からアクションを起こしていることがうかがえます。

というように、スターターに必要な意識・行動を身につけつつある谷口さんですが、まだ一人だけで業務を進めるのは難しいので、**(2)**の「一緒に作業させる」がふさわしいでしょう。

これは谷口さんに、「お客様や他部署に関わる仕事」を割り当てることになります。また、マネジャーの関わり「良し悪しを伝える」の中の、「小さな前進を認める」に該当します。

「よくその点に気がついたね」と、声をかけましょう。

その後、渡辺さんと谷口さんが作成したお客様向けの案内は、非常に評判がよく、例年よりも多くの参加を集めることができた。商品説明会の場面で、実際に自社のお客様と対面し、どんなことを求められているのかに触れる機会を得た谷口さん。「うちの商品やサービスがどんな風にお客様に受け入れられているのかよく分かりました」と感想を述べていた。

このように、仕事の流れや意味が理解できてくるとスターターへのトランジションが終わりに近づいてきます。「トランジションの出口のサイン」と部下の様子を照らし合わせることで、マネジャーが部下のトランジション状態を把握し、部下が出口のサインに気づけるようにしておきましょう。

具体的には、**トランジションの状態の変化を見逃さないよう、上司として「チェックポイント」を決めておくことが重要です。**

・会議場面での発言
・ちょっとした雑談の中のセリフ
・仕事をお願いしたときの反応

など、日常の小さな場面に現れることで十分です。

2 プレイヤーの育成

続いてのストーリーは、2年目の河合さんです。

2年目も半ば、そろそろ配属されて1年が経とうとしているところで、職場には後輩もいます。「もう新人とは違う」という認識を周囲も本人も持っているはずです。では、ストーリーを見てみましょう。

鈴木マネジャーは、2年目の河合さんの今後の育成計画について思いを巡らせていた。

（河合さんは言われたことはきちんとこなしてくれているが、2年目としてはもう少し自分から動いてほしいところだな。谷口さんも入ってきたことだし、先輩社員としてそろそろ、プレイヤーへの転換を促してもいい頃合いだろう。少し話をしてみるか）

河合さんは、この10月からイベント企画チームというところで、お客様向けにイベントの企画を立案し、営業が提案できる状態にするという業務を行っている。イベント企画チームは、他に7年目の斉藤さんと2人のチーム。マネジャーと斉藤さんが相談しながら、チームを運営している。

鈴木マネジャーは斉藤さんに声をかけて、こう持ちかけた。

「斉藤さん、少し相談なんだけど、河合さんにそろそろ一人で企画をさせてみたいと思うんだけど、どうかな？」

「ええ、いいと思いますよ。河合さんは覚えも早いので、一通りのことはできるようになっています。そろそろ、自分が中心となって動く業務を割り当てても問題ないでしょう。私が毎年担当をしている、就職イベントの企画を任せてみましょう」

「ありがとう、そうしよう。もちろん、斉藤さんにはサポートをしてほしい」

「任せてください」

そんな会話があって、鈴木マネジャーは河合さんと話す機会を持った。

「河合さん、お疲れ様。最近の様子を教えてほしいんだけど、仕事は順調かな?」

「はい。斉藤さんは丁寧に教えてくださってますし、一つひとつ業務を覚えていくのが嬉しいです」

では、ここでまた質問です。マネジャーとして河合さんに新たな仕事の割り当てをする際に気をつける必要があることは何でしょう?

(1) これまで(スターター)とは異なる期待をしていることを、分かるように伝えること

(2) 河合さんの現在の業務量を大幅に超えないように、他の仕事を調整すること

(3) これまでやったことがある仕事と、類似点があるものを選ぶこと

河合さんのプレイヤーへの転換を推し進めるという観点で言うと、どんな伝え方が望ましいのでしょうか。鈴木マネジャーの伝え方を見てみましょう。

「なるほど。よかった。河合さんの丁寧な仕事振りは、私も頼りになると思っているし他部署からの評判もいいよ。**谷口さんも配属されたことだし、もう新人ではないからね。見本にもなってほしい。**

実は、今回は河合さんに新しい仕事をお願いしたいと思っている。去年まで、斉藤さんが担当していた就職イベントの仕事なんだけど、斉藤さんもサポートにはつくが、河合さんメインで担当して企画してほしいんだ。**簡単ではないと思うが、きっといい企画にしてくれると思っているので、ぜひ頑張ってほしい**」

河合さんは一瞬、不安そうな表情を見せたが、

「斉藤さんも、サポートしてくれるというのなら……やってみます」と言ってくれた。

太字箇所を見ると分かるように、**（1）スターターとは異なる期待をしていることを、分かるように伝えること**を重視したやりとりになっています。マネジャーの関わりである、仕事の割り当てとして「担当業務を持たせる」こと、斉藤さんをサポート役にしていることから、「相談相手とセットで仕事を割り当てる」ことを行っているのです。

では、続きを見てみましょう。

河合さんにイベントの企画を任せてから、「そろそろ進捗報告が欲しいな」と鈴木マネジャーは思い始めていた。少し前に声をかけたときには「大丈夫です」と答えていたので、いったんそのままにしている。

すると、営業部を通りかかったときに、営業の石田マネジャーから声をかけられた。

「おう、鈴木。ちょっといいか？　あの、毎年やっている就職イベントの件だが、お客様にもう紹介していいのか？　開催時期や場所などが分からないんだ。一度河合に聞いたけれど、要領を得なくて……」とのこと。そろそろ営業に伝えていなければおかしい情報だ。

「それは、すまない。すぐに確認して知らせるよ」と言って席に戻り、河合さんに確認をした。

「河合さん、例のイベントの件だけど、開催時期をまだ営業に伝えていないのかな？」

「あ、はい……。まだ伝えてませんが」

「営業はもう案内をしたがっているよ。いつになれば確定できるだろう？」

「分かりません……会場が決まるまでは、決められないと思います」

「会場は決まっていないのかな？」

「まだ、だと思います。運営部のほうから連絡がないので……」

イベントの会場を確保することや、当日のオペレーションを主導するのは運営部というところだ。

河合さんは、「運営部から連絡がない」ことで「まだ会場が決まっていない」と判断しているようですが、事実はどうかは分かりません。

「連絡がないからといって、決まっていないとは限らない。事実を確認しなければいけない」

「担当として、就職イベントが開催されるまでの責任を持つ必要がある」ということは、必ず伝える必要があるでしょう。

こちらは、トランジションを促進する周囲の関わりとなります。改めて、仕事の割り当ての担当業務を持たせる際の、責任の範囲を明示することを強調しています。また、良し悪しを伝えるの、仕事の進め方やフィードバックを行うことにもつながっています。

では、ストーリーに戻りましょう。

鈴木マネジャーは河合さんの発言を捉えて、少し厳し過ぎるかもしれないと懸念をしつつも次のようなフィードバックを行った。

「確かに、会場の決定は運営部の役割だね。でも、このイベントを担当として成功させるのは、河合さん自身だよ。運営部からの連絡を待つのではなく、自分から情報を取りに行くことが必要だと思うよ。もちろん、その上で他部署との調整が必要な場合は、斉藤さんに相談してほしい」

②プレイヤーの核心となる意識・行動

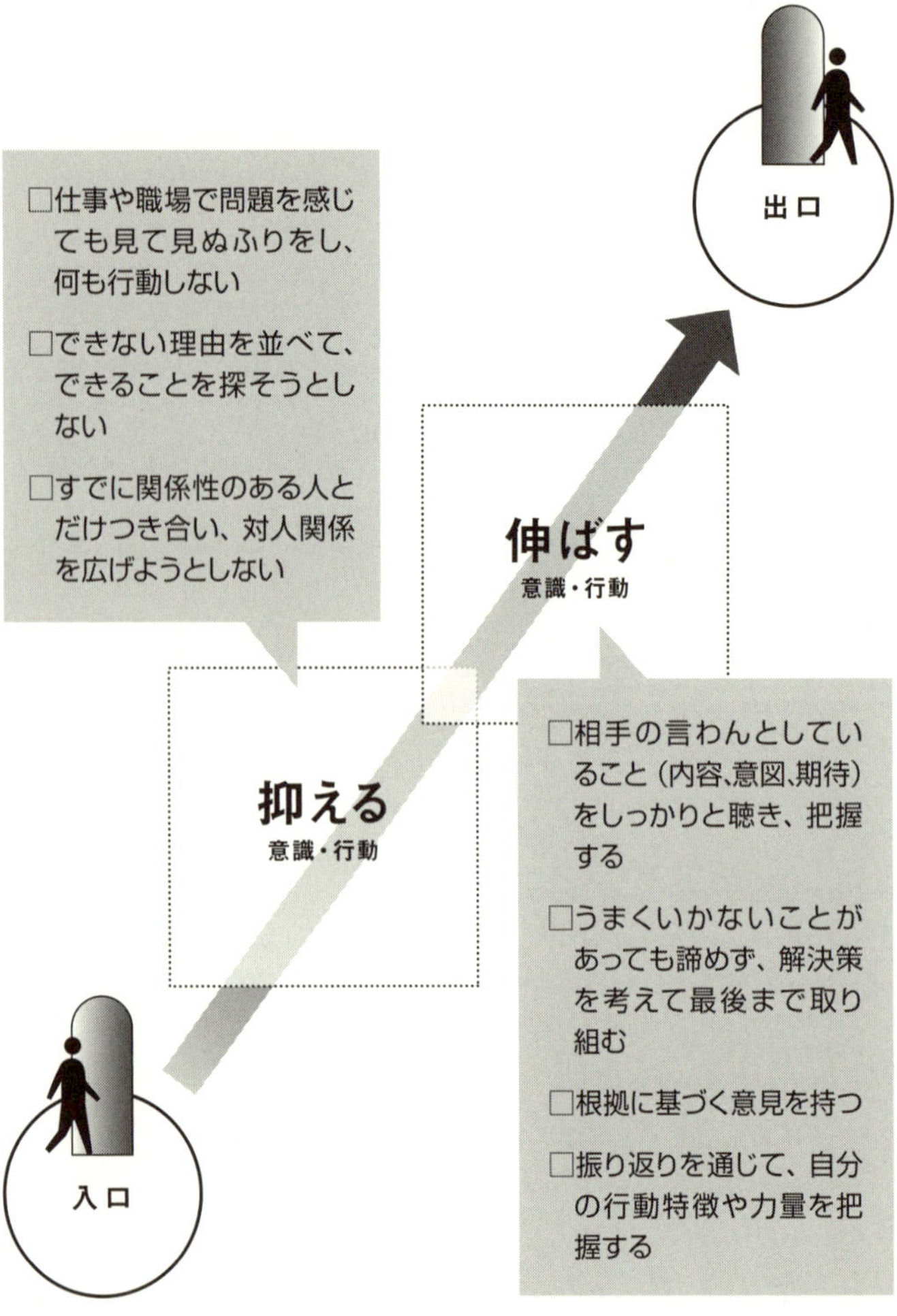

出口
□仕事や職場で問題を感じても見て見ぬふりをし、何も行動しない
□できない理由を並べて、できることを探そうとしない
□すでに関係性のある人とだけつき合い、対人関係を広げようとしない
伸ばす
意識・行動
抑える
意識・行動
□相手の言わんとしていること（内容、意図、期待）をしっかりと聴き、把握する
□うまくいかないことがあっても諦めず、解決策を考えて最後まで取り組む
□根拠に基づく意見を持つ
□振り返りを通じて、自分の行動特徴や力量を把握する
入口

その後、河合さんは自分の責任範囲が明確になったことで、動きやすくなったように見える。今も、運営部に機材の搬入日の確認を自分からしているようだ。自分では判断できないことは、タイミングよく斉藤さんに相談している。その甲斐あって、「仕事が前に進む」という感覚を持ち始めているようだ。

3 メインプレイヤーの育成

メインプレイヤーは、「一人前」となるステージです。ここで初めて、業績に大きく貢献する一員として、カウントできる状態になります。逆に言えば、マネジャーとしては、いかに早くこのステージに上がってきてもらうかということに、力を注がねばなりません。

それでは、鈴木マネジャーのストーリーを見てみましょう。

営業企画課では、充実してきた商品群について、これまでは個別の案内カタログを作っていた。そこで、全商品が掲載されたカタログを作成することになり、5年目の渡辺さんが中心となって業務を進めている。チームのメンバーは1年目の谷口さん。関係部署としては、営業課と制作部がある。営業課と「どんなカタログであればお客様に、商品をより知ってもらえるか?」という議論を繰り返した上で、企画に落とし込み、制作部に渡すということを実行している。

ある日、1年目の谷口さんがこんなことを相談しにきた。

「あの、渡辺さんと進めているカタログの件なんですけど、少し困っているんです。自分は、チームのメンバーにいなくてもいいんじゃないかと思っていて……。なかなかできることがない中ですが、渡辺さんに『何か手伝うことありますか？』と聞いても『いいよ、自分でやるから』と言ってくれるので」

鈴木マネジャーは少し気になったので、渡辺さんの様子を確認することにした。

「渡辺さん、カタログの件、どうなってる？　順調？」

「そうですね、順調ですね」

「そうか。他の業務は？」

「うーん。正直、カタログの件で手いっぱいであまり余裕はないですね」

「谷口さんとはどんな分担でやってるの？」

「カタログは私一人でほぼやってますね。手が回らない、営業からの企画書の作成補助なんかは、谷口さんにお願いしちゃってますけど……」


さてこの後、マネジャーとして渡辺さんに何を問いかけますか？

マネジャーとして気になるところは、カタログの企画をほぼ自分一人でやってしまっているというところです。この仕事は、実はトランジションを起こすために、一人でやり遂げることが難しい質量の仕事を割り当てるということをしているので、そもそも独力ではできるものではないのです。


会話の続きを見てみましょう。

「カタログの企画はきちんと進んでいるのかな？　なかなか一人では進めるのが

難しい分量だと思うけど？」

「……実を言うと、順調なのかどうかもはっきり分からないんです。たぶん少し遅れてきていると思うんですけど、とにかく目の前の仕事をこなしていくだけになっていて、先々のことを考える余裕がなくって」

「なるほどね。先のことがあまり見えていないから、谷口さんとも仕事を分担できないんじゃない？」

「……そうなんです。本当のところは手伝ってほしいんですけど、何を分担していいか分からなくて。それは他の部署のメンバーに対しても同じなんです」

「そうすると、結局自分でやらなきゃいけないことがどんどん増えていくね。それだと、今後大きな仕事はしていけないよ。じゃあ、少し段取りを描いてみようか」


鈴木マネジャーは、渡辺さんと2人で今後の進め方について議論を行った。

鈴木マネジャーは、「良し悪しを伝える」の、「抱え込んでいないか確認する」を行った上で、支援として「直接手を出さず、アドバイスを行う」を実行しています。

③メインプレイヤーの核心となる意識・行動

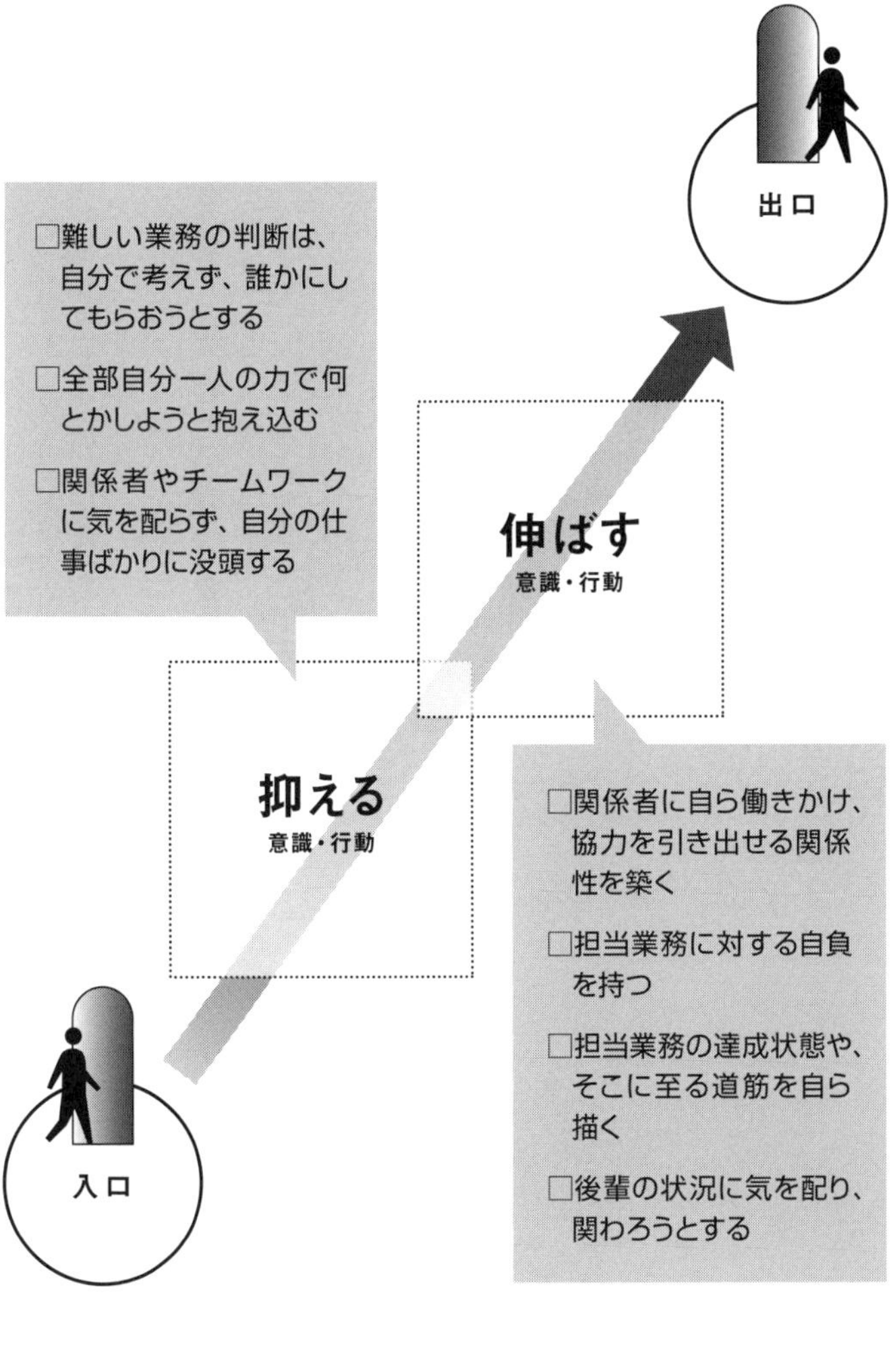
出口
□難しい業務の判断は、自分で考えず、誰かにしてもらおうとする
□全部自分一人の力で何とかしようと抱え込む
□関係者やチームワークに気を配らず、自分の仕事ばかりに没頭する
伸ばす
意識・行動
抑える
意識・行動
□関係者に自ら働きかけ、協力を引き出せる関係性を築く
□担当業務に対する自負を持つ
□担当業務の達成状態や、そこに至る道筋を自ら描く
□後輩の状況に気を配り、関わろうとする
入口

この関わりを通じて、

☑**全部自分一人の力で何とかしようと抱え込む**という意識・行動

を抑え、

☑**担当業務の達成状況や、そこに至る道筋を自ら描く**という意識・行動

を伸ばそうという意図です。

前回の打ち合わせ以来、渡辺さんは、谷口さんとうまく分担してやっているようだ。

今も、カタログについて打ち合わせをしている。

「それじゃあ、谷口さんには営業からお客様の声をヒアリングしてほしいんだけど、できそうかな?」という会話が聞こえてくる。

そこに、制作部の武田さんがやってきた。

「渡辺さん、まずいよ! 印刷会社から、納期に間に合わない、できないって泣きが入ってさ」

「えっ！　そんな……OKって言ってくれてましたよね？　もう納品日も決まっているし今さら変えるわけにはいきませんよ。今回は特殊な加工を施そうとしているし、そうするとあそこしか技術的には対応できるところがないから……」

「困ったね、どうしようか」

「……分かりました。私が直接行って交渉します。これまでの経験からも、後1日工程を減らせるはずですから、何とかならないか、お願いしてみましょう」

そう言うと、「鈴木さん、今、経緯を聞かれたと思いますが、すぐに行ってきます。武田さんすぐ出ましょう」と声をかけて、出ていった。

(何だか頼もしくなってきたな）と鈴木マネジャーは感じていた。

1カ月後。渡辺さんが尽力したカタログがいよいよ納品された。お客様の声を反映し、ただ商品を並べるのではなく、一つひとつの魅力が伝わるよう、斬新な手法で表現することにこだわった一冊だ。

「渡辺さん、できたね！　これはすごい。さっそくお客様のところに行ってくるよ！」

営業メンバーが渡辺さんに声をかけている。

武田さんもやってきて、

「あのとき、渡辺さんが印刷所にかけ合ってくれたから、何とかスケジュールどおりに納品できたよ」と笑顔になっている。

「渡辺さん、毎日夜遅くまで頑張った甲斐がありましたね」と谷口さんも嬉しそうにしている。

こういった経験を通じて、仕事の判断基準ができてきます。渡辺さんはお客様に役立つものを納期と品質を両立させて届けることを、大事にするようになりました。

マネジャーの関わりとして、仕事に対する考え方を語る支援を行う、絶好の場面でしょう。

4 リーディングプレイヤーの育成

リーディングプレイヤーへの転換、いわゆる**チームリーダーへの転換**は、「自分で手を動かす」から「人を動かす」ことへの大きな転換です。マネジャーとしても、それを意識しておきましょう。

それでは、最後のストーリーです。見てみましょう。

山崎さんは入社10年目で、企画畑一筋。企画の機能「商品企画」「販売促進」「イベント企画」のすべての業務を経験していて、一通りのことはできる実力を持っている。特に、「商品企画」ということにおいては、グループの中で一番経験があり、これまでにも新商品を企画してきた。

鈴木マネジャーは山崎さんに
「一緒にこの課を盛り上げていこう。リーダーとして牽引していってくれ。ついては特に2つの仕事をお願いしたい」
と言って、次の2点を提示した。

- **「営業の新たな動き方を模索する」プロジェクトに課の代表として参加すること**
- **3年目のメンバー・加藤さんをさらに育てること**

ある日、鈴木マネジャーが会議を終えて席に戻ると、山崎さんが話しかけてきた。

「鈴木マネジャー、ちょっとよろしいでしょうか？　営業の動き方を模索するプロジェクトなのですが、営業から『商談一つひとつに必ず営業企画課の担当者をつけて一緒に進めてくれないか』と提案されまして、『持ち帰ってマネジャーと相談します』と返答したのですが、どう思われますか？」

と、あまり自分の考えを持たずに相談してきた。

「なるほど。山崎さんはもしかすると今回のプロジェクトでの自分の役割を誤解している部分があるかもしれないので、改めてはっきり伝えておこう。部署の代表としての見解をまずは組み立ててみてはどうだろう。もちろん、迷ったことがあれば相談に乗って一緒に考えるよ。このプロジェクトには、マネジャーだったらどう考えるかという視点を持って臨んでほしいんだ。山崎さんならどう判断するのか、聞かせてほしい」

と返答した。

山崎さんは、驚いた表情を浮かべていたが、「分かりました」と言って席に戻っていった。

その後、しばらくは山崎さんからこの件で相談がなかったが、加藤さんと、よく打ち合わせをしている姿を見るようになった。2人はこれまではどちらかというと、個別に仕事をする傾向があったので、少し珍しい光景ではあった。

1週間後、山崎さんから「鈴木さん、例のプロジェクトについて、課としての見解をまとめたので、ご意見いただけますか?」と言って資料を差し出された。

そこには、より効果的だと思う営業支援の形がパターン化されている。さらに山崎さんとして、どれが一番、課にとってよい取り組みなのかという考察が加えられていた。

「この提案内容には、非常に納得感があるね。どうやって検討したの？」

鈴木マネジャーが質問すると、山崎さんは、

「実のところ、自分一人で考えていても、妙案が思い浮かばなかったので、思い切って加藤さんに手伝ってもらって皆の意見を聞いてみたんです。そうすると、私たちの動き方についても皆それぞれ意見を言ってくれて……。それもありがたかったんですけれど、何より『山崎さん、そんなこと初めて聞いてくれましたね。実は……職場の今の状態について、思っていることはあったんですが、なかなか言う機会がなくて』といった声が多かったんです。それで、これまでは自分の仕事を満足いくようにできればいいということを中心に考えていたんですが、皆の役にも立ちたいなと思い始めて……」

鈴木マネジャーは、自分が意図した以上の変化が、山崎さんに起こり始めていることに驚いた。

まず、最初のやりとりで、鈴木マネジャーが意図していたことは何だったのでしょうか。
マネジャーの関わりの「仕事の割り当て」として「プロジェクトやチームのリーダーに任命する」ことを行いました。
そうすることで、山崎さんの

☑ **他のメンバーや組織に対して関心を持たず、自分の担当業務に没頭する**

という意識・行動を抑えることができ、さらには、

☑ **課やチームが最大の成果を上げるために、今自分が最もやるべきことは何かを考える**

☑ **上司や目上の相手にも、現場の目線から率直に意見を主張する**

という意識・行動を伸ばすことができたと言えるでしょう。

さらに、2人の会話は続きます。

「ところで、今回は加藤さんにも手伝ってもらったみたいだけど、この仕事を通じて、彼に何を学んでほしいと思ってたのかな?」
と鈴木マネジャーは山崎さんに聞いてみた。

「……加藤さんが何を学ぶかですか？　すみません、正直なことを言うと、そこまでは考えていませんでした」

「非常に高度なことだと思う。でもすべての仕事を、育成場面だと考えてほしい。加藤さんが今できること・強みや弱みを山崎さんはどの程度把握している？　また、彼に将来どんなビジネスパーソンになってほしいと思ってる？

実はこのような視点で各メンバーを見ることが、チームリーダーには求められているんだ。もちろん、いきなりすべては無理だけど、今後期待したいと思っているよ。将来的にマネジメントをすることにも、つながっていくんだよ」

「今、すべてをやれる感覚はありませんが、今回のことを通じて皆と初めてゆっくり仕事について考えていることを話せた気がしています。その中で、それぞれの持ち味や特徴をぼんやりとつかみ始めています。加えて、課をこんなチームにしていきたいなと思い始めています。私にできるか分かりませんが、チームリーダーとして何ができるか、もう少し考えてみたいと思っています」

「そうだね、頑張ろう。私も、精いっぱいサポートするよ」

④リーディングプレイヤーの核心となる意識・行動

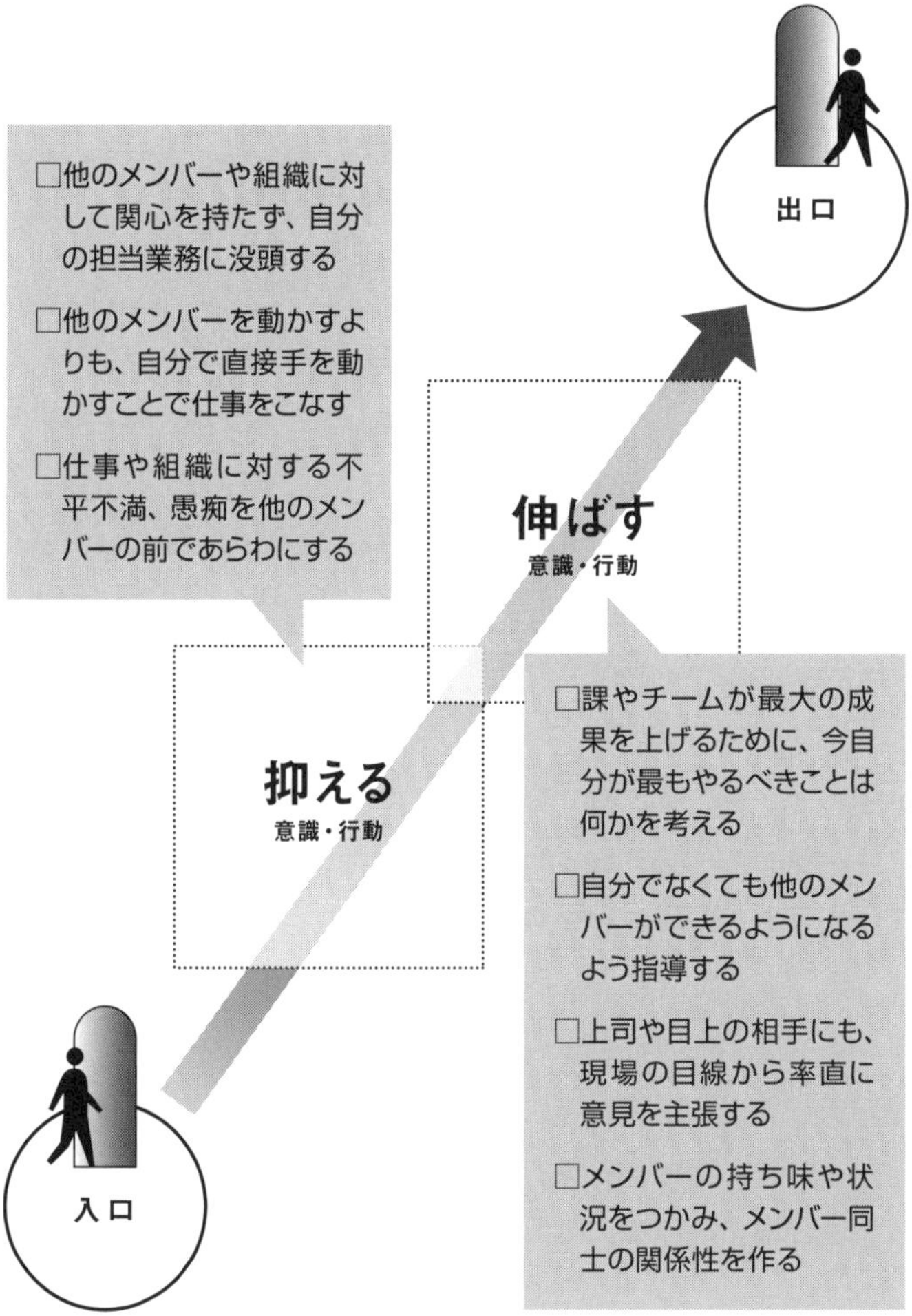
出口
□他のメンバーや組織に対して関心を持たず、自分の担当業務に没頭する
□他のメンバーを動かすよりも、自分で直接手を動かすことで仕事をこなす
□仕事や組織に対する不平不満、愚痴を他のメンバーの前であらわにする
伸ばす
意識・行動
抑える
意識・行動
□課やチームが最大の成果を上げるために、今自分が最もやるべきことは何かを考える
□自分でなくても他のメンバーができるようになるよう指導する
□上司や目上の相手にも、現場の目線から率直に意見を主張する
□メンバーの持ち味や状況をつかみ、メンバー同士の関係性を作る
入口

ここまでで、鈴木マネジャーのストーリーは終了です。
最後の場面では、マネジャーとして部下育成についての会話を交わす支援を行っています。

日常のやりとりの中で、部下の状態が見えてくる

部下の４つのステージについて見てきましたが、いかがでしたでしょうか。ストーリーの中でマネジャーが関わる場面すべてが、日常のふとしたやりとりであったことに驚かれたかもしれません。部下のステージ転換を支援する、ということはまさに日常に埋め込まれたＯＪＴなのです。

ご自身の部下の顔を思い浮かべて、「あいつにはこんなことを伝えてあげたい」「それによってこの意識を伸ばしてもらいたい」といったことを思い巡らせてくだされば幸いです。

コラム　職場で学ぶことと、研修で学ぶこと

部下の育成を考える際、その方法として、職場で仕事を通じて育成を行うOJT（On the Job Training）と、研修といった形で職場を離れて育成を行うOff-JTがあります。

一般的な1日や2日といった限られた時間の研修では、トランジション（成長ステージの転換）は到底できるものではありませんから、トランジションを促進するのはOJTが中心ということになります。まさに、ここまで説明してきた「仕事の体験」や「周囲からの関わり」が重要になります。

では、Off-JTとして研修を受けることは、トランジション促進の観点でまるで意味のないことなのでしょうか。

そうではありません。たとえば、「中堅社員としての役割を学び意識を変える」といった主旨の研修はどうでしょうか。このような研修ではたいてい、ケーススタディなどを行いながら、中堅社員の果たすべき役割とは何かを学びます。その中で部下は、今後自分に求められる役割を理解し、今の自分と照らし合わせて課題を浮き彫りにしていきます。同じ立場である他の研修受講

者と様々な議論を交わす中で、その課題に取り組もうという動機づけがなされます。

このような研修は、トランジションの入口のサインを気づかせ、新たな成長ステージに向けて課題に取り組もうと動機づける効果があると言えます。

他にも、「これまでの経験を振り返り、自分の強みや弱みを把握して今後の仕事に役立てよう」といった主旨の研修はどうでしょうか。このような研修では、これまでの仕事の体験を振り返り、そこから得た学びや成長したことを整理していきます。体験したことが自分にとってどのような意味があったのかを結びつけるのです。

このような研修は、トランジションの出口のサインを気づかせ、自分の成長を実感させるとともに、これからさらにその成長ステージで活躍するための課題に取り組もうという気持ちを醸成する効果があると言えます。

このように、Off-JTはトランジションの入口のサインや出口のサインを気づかせるための有効な機会だと考えられるのです。もちろん、職場であなたが部下に入口のサインや出口のサインときちんと示せていれば、このような機会はなくてもよいのかもしれません。しかし部下にとって、外部の講師や同じ立場の研修受講者とともに議論して考えた結果気づいた「入口のサイン」や「出口のサイン」は、より強いインパクトを持って心に残ることも多いのです。

マネジャーとして、この機会を有効活用しない手はありません。研修を受けに行く部下に向けて、研修の趣旨は何か、何を学んできてほしいかを事前に自分の言葉で伝えておくのです。それは、あなたの口から直接「入口のサイン」「出口のサイン」を発信する絶好の機会なのです。

また、研修から帰ってきた部下に対しても、何を学んできたのか、今後の課題は何かをともに考えようと関与することが、トランジションを乗り越えていこうとする部下の動機につながることは言うまでもありません。

研修というと、面倒、苦手、という印象を持つ方もいると思いますが、部下が研修を受ける際には、トランジションを促進する部下育成の機会として、積極的に活用しましょう。

4章

ステージ別育成をチームに取り入れる

ステージ別育成をチームに取り入れる

3章までは、部下一人ひとりの段階を見極めて、適切な関わりを行うことの重要性についてお伝えしてきました。4章では、「ステージ別育成をチームに取り入れる」ということをテーマに、育成対象を一人ひとりからチーム（職場）全体に広げていきたいと思います。

ステージ別育成をチームに取り入れる出発点となるのが、部下一人ひとりがどの段階にいるのか、そしてトランジション中なのか、そうでないのかという、トランジションの状態を確認することです。

あなたの職場では、トランジション中で苦労している部下と、トランジションを終えて活躍している部下の割合はどのような比率でしょうか。

（1）ほとんどの部下がトランジションを終えている

それぞれの部下が現在の役割を担う力を備えている状態であれば、安定的に成果を上げられるチームになっているはずです。とはいえ、この状態がしばらく続いていることは必ずしも好ましいとは限りません。

なぜなら、今求められているチームとしての成果は出せるかもしれませんが、環境が変わったときやより高い成果がチームに求められたときに、部下の力量が追いつかなくなる可能性があるからです。マネジャーとしては、チーム全体のレベルアップを見据えて**「この部下をさらに次のステージに育てよう」という「育成ターゲット」を設定しましょう。**

（2）トランジションを終えている部下とそうでない部下が半々ぐらいいる

トランジション中の部下と、トランジションを終えた部下の数が同程度である場合です。メンバー構成によっても様々なパターンはあるものの、**一般的なケース**だと言えるでしょう。

部下の数が少なければ、あなた一人で部下の育成を見きれる範囲でしょうが、部下の数が増えると、そうもいかないのが実情でしょう。

（3）ほとんどの部下がトランジション中である

部下の大半が、求められる役割と現状にギャップがある状態です。このままの状態が続けば、職場としての業績達成・目標到達が困難な状況に陥ります。できるだけ早く、（2）の状態に持っていく必要があるでしょう。

あなたのチームは、どれに当たりましたか？

先ほどの（1）の状態のチームの場合、3章でご紹介したような各部下に合わせた個別のアプローチが可能ですが、（2）や（3）の場合にはあなた一人で部下全員に関わったとしても、とても手が回らないはずです。

ここから、部下一人ひとりにアプローチすることから一歩進んで、**ステージ別育成をチーム全体に取り入れるためのヒント**をお伝えしていきたいと思います。

育成ネットワーク型の組織を作る

ステージ別育成をチームに取り入れるとは、どういうことでしょうか。

それは、**「マネジャーが部下一人ひとりの育成に個別に関わるだけでなく、部下同士がお互いに関わりながらトランジションを促進し合っているチーム」**を作るということです。

それはすなわち、「育成ネットワークができているチーム」と言えます。

イメージしてみましょう。

育成ネットワークができているチーム

④リーディングプレイヤーを育てる

↓

④リーディングプレイヤーが積極的に他の部下の育成をしてくれる

②プレイヤーや、③メインプレイヤーの力が底上げされる
↓
チームとしての成果が出る
↓
あなた（マネジャー）は、
↓
他のマネジメント業務に注力できる

もしこのようにしてプラスのサイクルが生まれ、すべての部下の力が底上げされれば、チーム全体の力は何倍にもなると言っても過言ではないでしょう。そしてあなたも、部下育成だけでなく、他のマネジメント業務にもっと注力できる余裕ができるはずです。

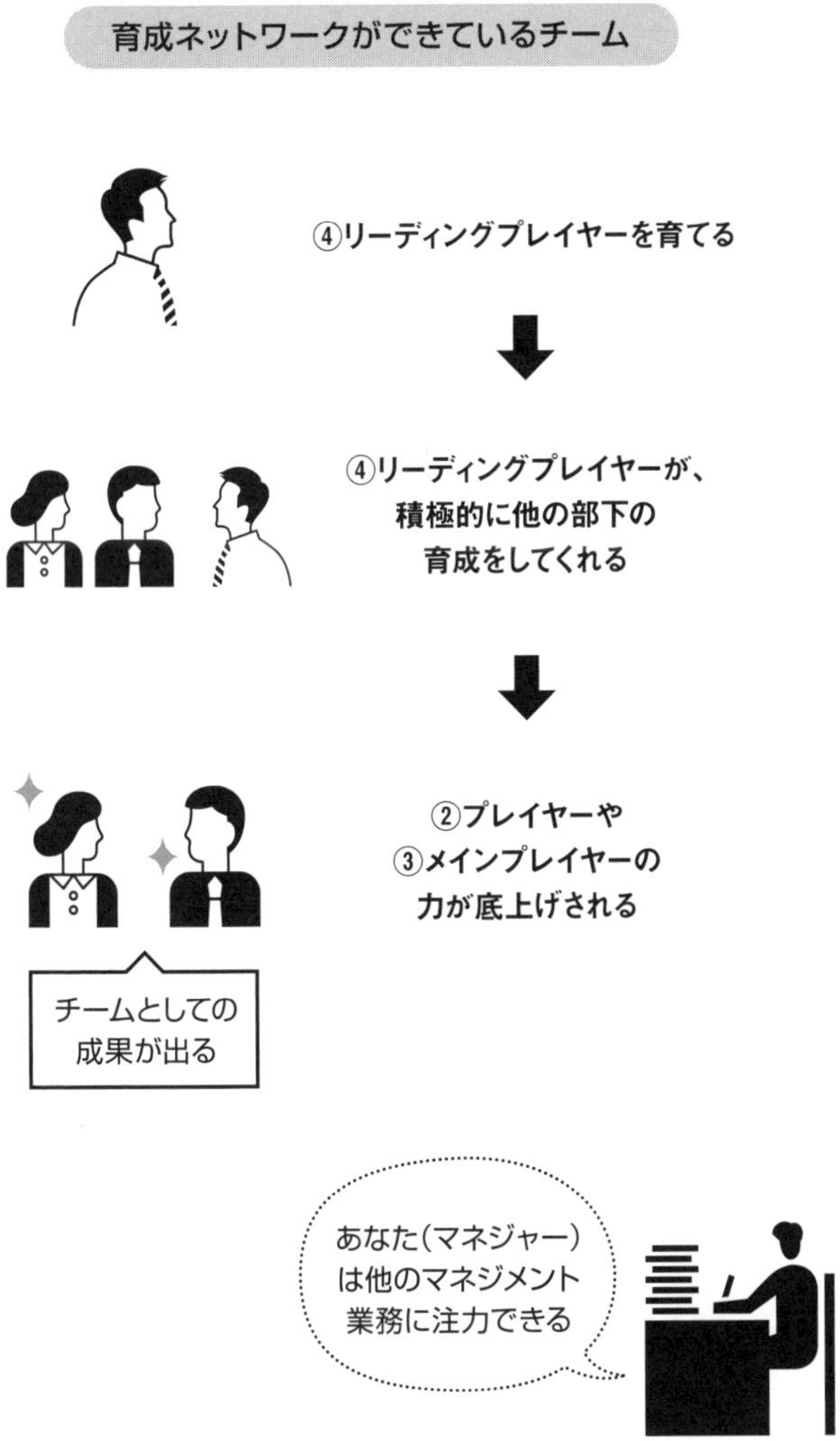
育成ネットワークができているチーム
④リーディングプレイヤーを育てる
④リーディングプレイヤーが、
積極的に他の部下の
育成をしてくれる
②プレイヤーや
③メインプレイヤーの
力が底上げされる
チームとしての
成果が出る
あなた（マネジャー）
は他のマネジメント
業務に注力できる

一方、このような状況が作れないとマイナスのサイクルに陥ってしまいます。

育成ネットワークができていないチーム

部下全員に、マネジャーが自分で育成の手を打つ
↓
全員に手が回らない
↓
若手も中堅もなかなか育たない
↓
チームとしての成果が出ない
↓
あなた（マネジャー）は、
いつまでも部下育成に頭を悩ませることに……

育成ネットワークができていないチーム

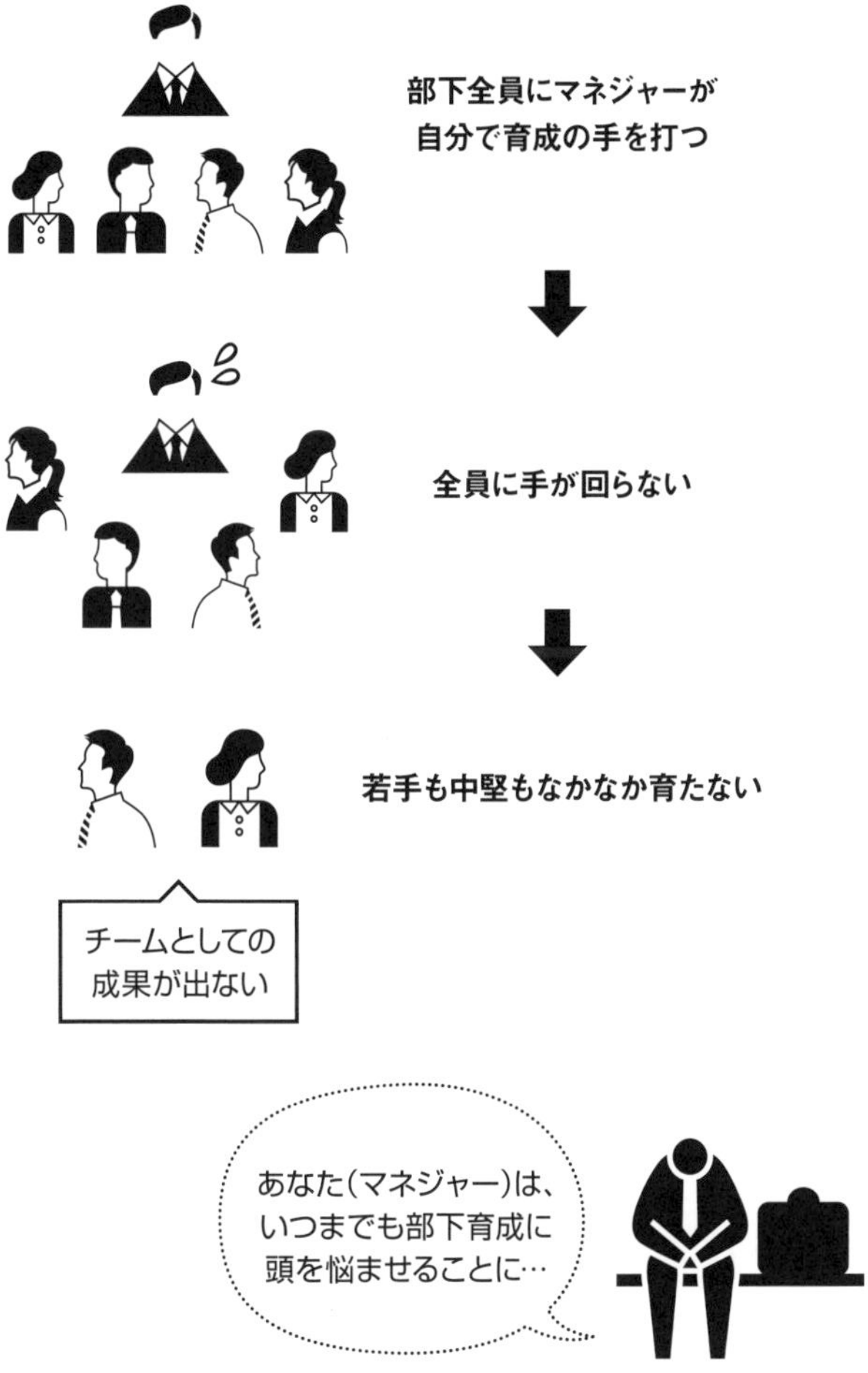
部下全員にマネジャーが
自分で育成の手を打つ
全員に手が回らない
若手も中堅もなかなか育たない
チームとしての
成果が出ない
あなた(マネジャー)は、
いつまでも部下育成に
頭を悩ませることに…

では、どのようにして「部下同士がお互いに関わりながらトランジションを促進し合っているチーム」を作っていけばよいのでしょうか。そこに至るには、3つのレベルがあります。目指すはレベル3ですが、一つずつ着実に上っていきましょう。

レベル0 マネジャーが部下一人ひとりを個別に指導・育成している

レベル1 マネジャーと④リーディングプレイヤーが、協力して育成を進めている状態

レベル2 部下同士が、1対1でトランジションを促進し合っている状態

レベル3 部下同士が、多対多でトランジションを促進し合っている状態

注目していただきたいのは、職場の中で出ている育成の矢印の数の違いです。

レベル1で、矢印の数は2倍になり、

レベル2で、部下同士が結ばれ始め、

レベル3に上がると、矢印の数は膨れ上がります。

部下同士が関わりながら成長するチームとは

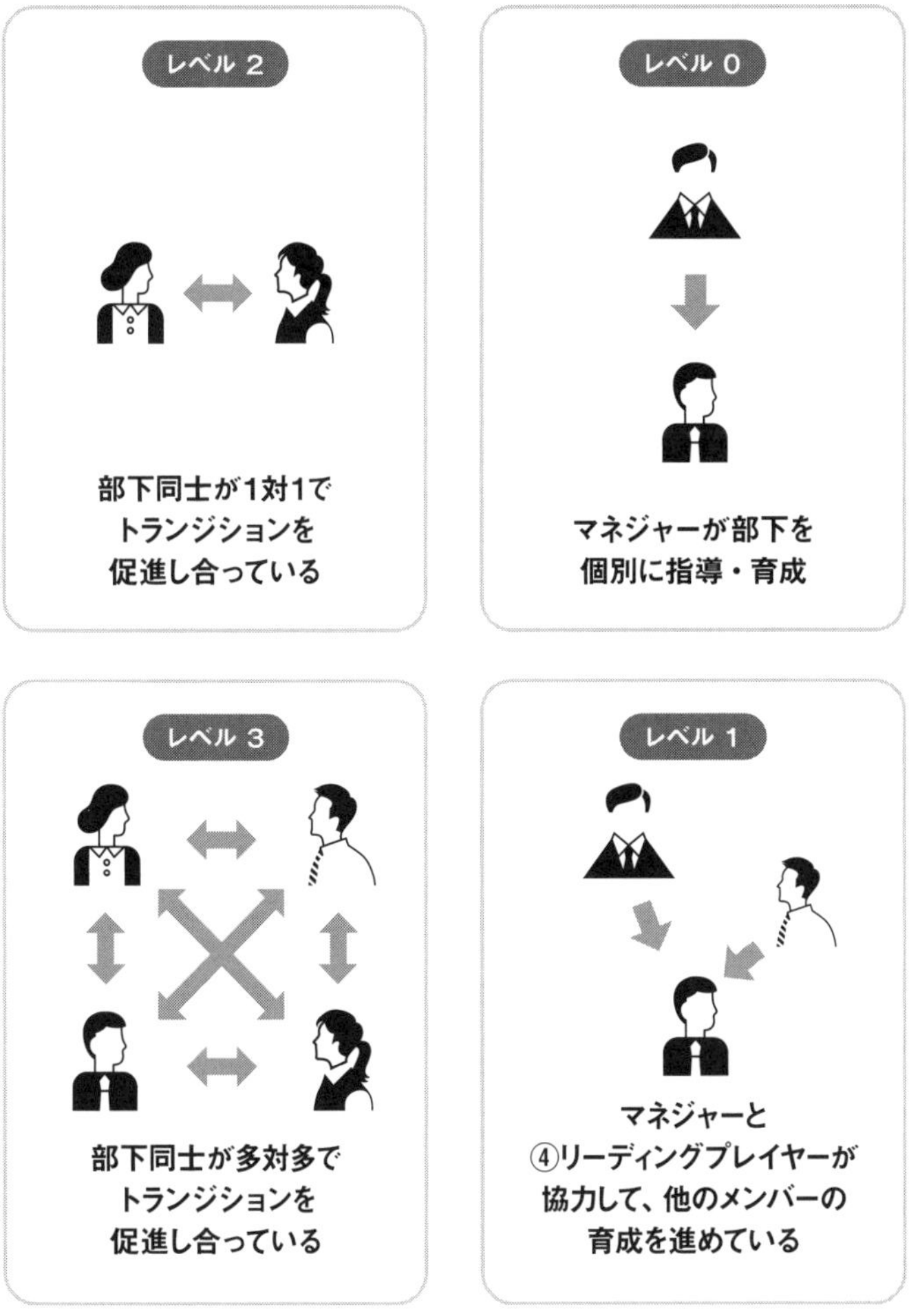
レベル 2
部下同士が1対1で
トランジションを
促進し合っている
レベル 0
マネジャーが部下を
個別に指導・育成
レベル 3
部下同士が多対多で
トランジションを
促進し合っている
レベル 1
マネジャーと
④リーディングプレイヤーが
協力して、他のメンバーの
育成を進めている

このように、部下同士が誰からもトランジションを促進するためのサポートが得られている状態が、「育成ネットワークができている」と言えます。この状態になると、チーム内で起こる言動は、業務を前に進めるためだけでなく、お互いの成長を意図したものになり、各部下のトランジションは加速度的に進むことになります。

それでは、レベルごとに詳細に見ていきましょう。

レベル1 マネジャーとリーディングプレイヤーが、協力して育成を進めている状態

この状態は端的に言えば、あなた自身と同じように他の部下を育成しようと協力してくれる部下を一人育てて、自分の右腕にしていくということです。

では、誰を育てるかと言えば、それは④リーディングプレイヤーとしての期待をかける部下です。**段階マネジメントを効果的にチームに取り入れるための第一歩は、リーディングプレイヤーを育てることそのもの**なのです。

なぜなら、リーディングプレイヤーは一つひとつの業務に関しては高いレベルの知識や

力量、経験を持っていて、指導・育成するための材料も豊富に持っているからです。これを個人の知識として留めることなく、他の部下にも還流できれば、チームとしてのノウハウが蓄積されていくことになるでしょう。

さらに、リーディングプレイヤーは、次期マネジャー候補として目される位置にいます。マネジャーになる前に、他のメンバー育成を経験したり、チーム全体の運営に関わろうという意識を持つことは、本人が将来マネジャーになったときにも、必ず活きてきます。

すでにリーディングプレイヤーとしての期待を十分に果たしてくれている部下がいれば問題ありませんが、もしそのステージの部下がいない場合や、リーディングプレイヤーとしての期待をかけている部下はいるが、なかなか後輩指導やチーム運営に目を向けてくれないという場合は、集中的な育成が必要になります。

リーディングプレイヤーにとって、次のような体験を積む機会を意図的に作り出すとよいでしょう。

☑ メンバーの育成について上司とともに考え、メンバーに関わる体験

具体的には、

・あるメンバーの育成担当者や職場全体の育成担当者に任命される

・上司と一緒に各メンバーをどう育てるか検討する

☑コミュニケーションを通じたメンバーの関係性構築の重要性に気づく体験

具体的には、

・上司と若手メンバーの意見の相違に板ばさみにあう
・ベテランメンバーの理解を得られず強い抵抗にあう

マネジャーとしては、このような体験を積む機会を意図的に作り出すとよいでしょう。一つエピソードを紹介します。

あるマネジャーは、チームリーダー（④リーディングプレイヤー）の部下と毎週1時間の情報共有をしている。２人で面談のような形で話すこともあれば、昼食をとりながら話すこともある。

そこでの話題の大半は、課のメンバーの最近の状況についてである。チームリーダーは、毎回話を聞くうちに、自然と他のメンバーの業務状況やモチベーション、体調などに関心を持つようになり、メンバーと飲みに行った際には話を聞いたり、マネジャーがそれぞれの部下に対してどのように育成しようとしているかという意図をさりげなく伝えるようになっていった。

一見何気ないことのようですが、マネジャーとしてはこのような動きを取ってくれる部下がいるということは非常に心強いものです。では、**④リーディングプレイヤーを巻き込むためのポイント**を見てみましょう。

リーディングプレイヤーを育成ネットワークに巻き込むポイント

具体的には、次のようなことから始めるとよいでしょう。

- **毎週定例でミーティングを実施し、チームの状態について2人で会話する時間を取る**
- **各メンバーの今後の能力開発課題について意見を求める**

・**目指すチームの状態について、リーディングプレイヤーを巻き込んだ上で決定する**
・**定例会の運営をリーディングプレイヤーに任せてみる**

巻き込むにあたって一つ留意しておきたいのは、リーディングプレイヤーの、**他の部下に与える影響力は、思っている以上に大きい**ということです。このステージの部下は、他の部下からすれば最も身近で頼りになる存在であることが多いでしょう。上司のあなたに対しては言いにくいことでも、リーディングプレイヤーの部下には普段からいろいろと相談している、ということも少なくありません。

そのリーディングプレイヤーと上司であるあなたが部下の育成について一枚岩になれば、これほど心強いことはありません。しかし、もしそうならなければ、あなた一人がいくら頑張ったところでチームとしてまとまるのは難しいでしょう。

それどころか、この段階の部下はすでにリーディングプレイヤーとしての実力は十分で、視野もマネジャーに近づいてきていますから、業務やチームの問題点にも気がつきやすく、放っておくと問題点の指摘や非難ばかりをしてしまう可能性もあります。リーディングプレイヤーの「抑える」行動にもあるように、「仕事や組織に対する不平不満・愚痴を他のメンバーの前であらわにする」といった行動を取り、他の部下に大きなマイナスの影響を与えてしまうことにもなりかねません。

だからこそ、リーディングプレイヤーを巻き込む際には、**なぜ他のメンバーの育成に協力してほしいのか、あなた自身がマネジャーとしてチームをどのような職場にしていきたいのか、という意図をきちんと伝えることが重要です。**

具体的にどのような動きが起これればよいのか、イメージを持っていただくために、ある事例を紹介しましょう。

Aさんはメーカーに勤める8年目の社員で、設計部門に所属しています。彼はリーディングプレイヤーのステージの第一歩を踏み出したばかり。肩書きも「リーダー」と呼ばれるようになっていました。業務のボリュームも増え、自分一人ではこなしきれない状況の中で、後輩3人と一緒に仕事を進めていく必要が出てきました。

上司である課長は、Aさんに対して後輩3人の働き振りや人間関係の状況についてたびたび聞くようになりましたが、Aさんは「正直、仕事を前に進めることで精いっぱいで、後輩の様子に気を配るほど余裕はありません」という状況でした。

「次第に後輩にお願いした仕事の成果物のレベルが、私が期待したものに至らないことが多くなったのです。せっかく作業してもらったのに、一からやり直しになることも多く、これには申し訳ない気持ちとともに『何でこんなことも分からないんだ』という苛立ちもありました。進捗も本来の計画から遅れ始め、焦りも増すばかりでした」

そう話すAさんに課長は、後輩3人の特徴や指導のコツを教えることにしました。Aさんは、とにかく業務のすべてについて細かく指示を出さなければならないと思っていたようです。そこで課長は「一人ひとりに合わせた指導」の大切さを伝えました。

たとえば「○○さんは仕事の目的をきちんと確認しながら進めたいタイプで、気になることがあると手が止まってしまう傾向がある。だから、こちらから『この仕事は何のためにやっているんだっけ？』などと聞いてあげるといいよ」、「××さんは人見知りの傾向があるから、協力部署の関係者との顔つなぎは、手伝ってあげるといいよ」など、それぞれの後輩の特徴と、どうすればうまく仕事を進められるか、具体的なアドバイスを伝えたのです。

Aさんは、今まで後輩の特徴など気にしたことがなく、皆同じように関わっていたので、新鮮に感じたようでした。

それから、Aさんは徐々に後輩に任せた仕事が順調に進んでいく手ごたえを感じるようになりました。

「皆が、1から10まで言わなくても動いてくれるようになりました。遅れていた計画も、『ここが踏ん張りどころですよね！』と言って自分の業務の効率化を考えてくれるようになりました」

と、Aさんは振り返っています。

今でも課長はAさんと定期的に話をする時間を設けていて、この先の業務をどう進めていくのか、それぞれの後輩をどう育てていくのかという話題に展開しているそうです。

この事例でマネジャーは、④リーディングプレイヤーの部下に他の後輩の特徴と仕事の進め方についてアドバイスを送っているものの、直接的な指導・育成はAさんに任せています。

マネジャーからすると、育成の視点を持つ人が自分の他にいるということは、非常に心強いはずです。このように、**頼れるリーディングプレイヤーを作れるかどうかが、チームに育成ネットワークを作る重要な鍵**になります。

もう一つ、リーディングプレイヤーのやる気をかき立て、仕事の体験を「トランジションを促進する体験」になるよう工夫している事例を紹介しましょう。

Bさんは人事部の仕事をしています。先日、ある制度の改訂に関わるリーダーを務めたときの出来事を話してくれました。

「制度の方向性が固まってきた頃、役員向けにプレゼンテーションをする場面があり、準備に準備を重ねて当日を迎えました。職場の全員が約半年間この仕事にかけてきましたから、発表役の私がその努力を無にするわけにはいかないと、気合を入れて臨んだんです。発表後の議論は白熱したのですが、何とかチームで考えていた方向性で進められることになりました」

ここで、Bさんの印象に強く残った出来事が起こったそうです。

「会議が終わって部屋を出たところで、ある役員に声をかけられたんです。『Bさん、お疲れ様。チームの力を結集して、よくここまでのものに仕上げてくれたね』と、ひと言だけでしたが、ものすごく嬉しかったですね。特に、自分の成果というよりもチームで頑張ってやってきたことが伝わったんだと思えたので」

しばらくして、その役員と話す機会があって、ひと言かけてもらったことへのお礼を述べると、こう打ち明けられたそうです。

「実は、あのとき声をかけたのは、君の上司に頼まれていたからなんだ。『今回B

はチームリーダーとして本当によくやってくれたので、プレゼンテーションの内容がよかったら、ぜひほめてあげてください』とね」

この事例では、あえてマネジャー自身からリーディングプレイヤーとしての動きをほめるのではなく、よりインパクトを強く与えられる人から伝えてもらっています。それは、この経験を部下にとっての成功体験として「トランジションを促進する体験」につなげるだけでなく、リーディングプレイヤーとしての「出口のサイン」に気づかせるものでもあります。

この事例以外にも、リーディングプレイヤーの方に話を聞くと、直属の上司であるマネジャーだけでなく、部長のようなさらに上の立場の人からのひと言や、隣の課のマネジャーからのひと言も心に残るようです。「最近、君のチームの雰囲気がよくなったね」というひと言で、「自分の頑張りを見てくれていたんだ」という自信につながっていくのです。

レベル2 部下同士が、1対1でトランジションを促進し合っている状態

次は、リーディングプレイヤー以外の部下同士を結びつけるレベルです。

もちろん、あなた自身による部下一人ひとりへの関わりや、リーディングプレイヤーから他の部下への関わりがあってのことですが、さらに他の部下同士が関わり合う状態にしていきます。その代表的な例として、①スターターへのトランジションにいる部下と、③メインプレイヤーへのトランジションにある部下、という1対1の組み合わせがあります。

この方法について、もう少し詳しく見ていきましょう。

この場合の③メインプレイヤーは、いわゆるＯＪＴ担当やメンターと呼ばれるような立場で、指導の役割を負うということです。新入社員がＯＪＴを受けることによって成長するのはもちろんのこと、**指導を任されたメインプレイヤーのほうが、実はより成長したと**いうのはよく聞かれる話です。まさに、**２人同時にトランジションを狙った一石二鳥の部下育成**と言えるでしょう。

留意したいのは、メインプレイヤーへのトランジション中の若手は、そうは言ってもまだ一人で後輩を育てられるだけの力はないということです。新入社員の指導を任せっぱなしにするのではなく、マネジャーとしてしっかりとサポートすることで、三位一体となった育成ができるのです。

③メインプレイヤーへのトランジションで、後輩指導に関わる項目を確認してみましょう。

次のようなことが、③メインプレイヤーに、「入口のサイン」を気づかせることになります。

- ☑ **後輩からアドバイスを求められる**
- ☑ **後輩にとっての手本になることを求められる**

後輩指導を通じて、次のような体験がトランジションを促進させます。

- ☑ **後輩を指導しながら、課題解決をともに進める体験**
- ☑ **他者の成長に貢献する経験を積む体験**

が挙げられます。

一方、①スターターの育成には、次のような関わりが大切です。

三位一体の育成とは

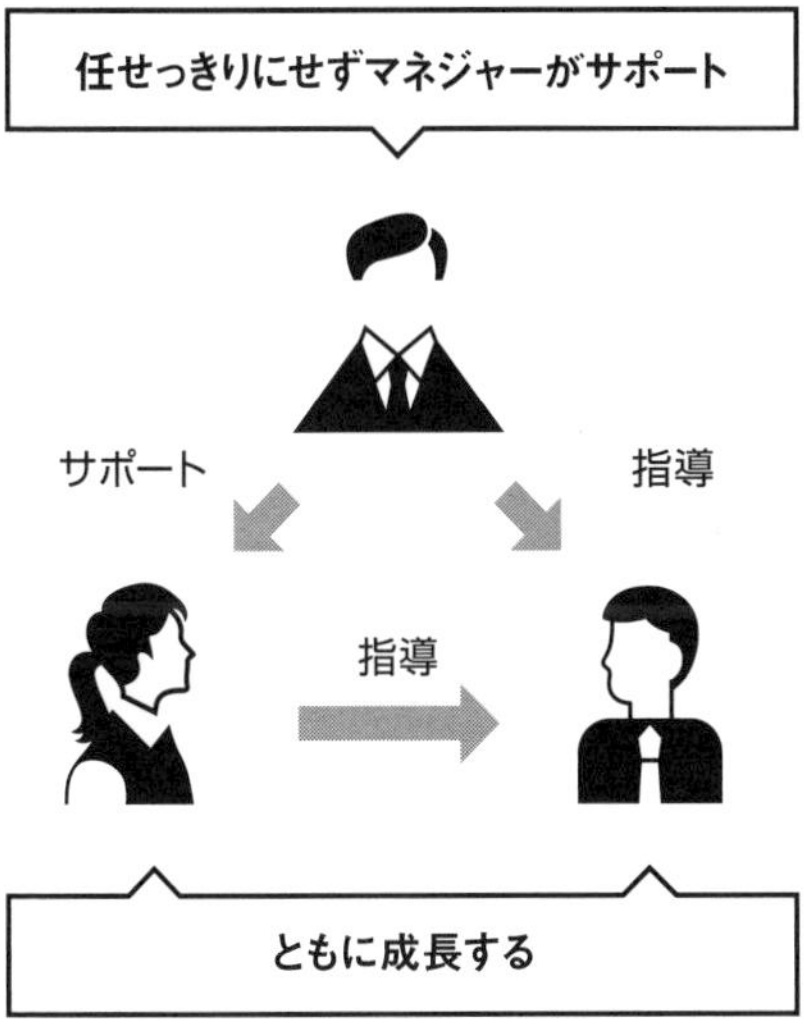
任せっきりにせずマネジャーがサポート
サポート
指導
指導
ともに成長する

☑ **お手本として助言する、励ます、安心できる関係を作る**
☑ **できたことを承認する、できていないことを示す、学びを意味づける**
☑ **一緒になって喜ぶ・くやしがる・なぐさめる**

これらの関わりを通じて①スターターは

☑ **先輩の動向に目がいく、学べるものは学ぼうとする**

という出口に到達していくのです。

周囲の関わりには、③メインプレイヤーなどの先輩からの関わりが効果的な場合と、マネジャーの関わりが効果的な場合がそれぞれあります。たとえば「**一緒になって喜ぶ・くやしがる・なぐさめる**」といったことは、比較的立場の近い先輩からのほうが、同じ目線で伝わりやすいと考えられるでしょう。一方で「**できたことを承認する、できていないことを示す、学びを意味づける**」という関わりは、まだ先輩社員でも少々荷が重いところもあるかもしれません。

ですから、場面に応じて、あなた自身が直接指導したり声をかけたりするのか、それとも指導を任せる部下からの関わりを重視するのかをすり合わせておくとよいでしょう。

メインプレイヤーをスターターの指導役にし、両者の成長を図るには、次のような取り組みが有効です。

・③メインプレイヤーと一緒に、指導する①スターターの育成計画を立てる

・その計画に基づいて、育成のPDSを回す支援をする。具体的には定期的なミーティングやスターターを交えての三者面談を実施する

・仕事の報告をあえて①スターターにさせることで、スターター本人の理解度を測るとともに、③メインプレイヤーの指導の状況についても確認する

ここで、ある事例を紹介しましょう。

商社で働く2年目社員のCさんは、1年目に自分のメンター（指導係）になった先輩社員のことを話してくれました。

「先輩は当時4年目で、かなり厳しい人でした。口調はやさしいんですけど『全然ダメだね』と言われることが多くて……。でも、私がミスをして上司に叱られたとき、先輩はまったく飲めないはずなのに、飲みに誘ってくれました」

Cさんはその場での先輩の言葉が、すごくありがたかったと言います。

「先輩は自分の新入社員の頃の話をしてくれて。『俺も仕事が遅かったんだよ』とか『俺が1年目のときよりも、お前はよくやってるよ』とか。嬉しかったですね。『4年経てば人並みにはできるようになるから』と言ってもらえたのも安心しました」

その先輩は1年で異動してしまったそうですが、異動した後もたまに様子を見に来て気にかけてくれていたそうです。

「3カ月ぐらい前ですかね、先輩がスッと来て、『大丈夫？　問題ない？』と聞いてきてくれたので『大丈夫です』と答えると、安心した顔をしてました。部署が変わっても、気にかけてくれていることが純粋に嬉しかったですね」

Cさんの下にも、今は後輩が1人いるそうです。

「後輩が入ってくると、やっぱり自分がしてもらったように面倒を見なければいけないなと思うんです。メンターという立場になって分かったんですが、実は先輩の私に対する指導は、課長と役割分担してやっていたんですよ。課長が厳しく指導して、先輩がそのフォローをする、という。今、自分も課長と一緒に新人にどう接するかという話をしていると、自分が指導してもらったことのありがたみがよく分かります」

この会社の方には他にも話をうかがいましたが、皆さん口々に「後輩を育てるのは当たり前のこと。自分もそうやって育ててもらってきたから」と言います。自分が先輩に育てられてきたからこそ、自然と自分も後輩を育てる番だと思える。時間を超えて、育成される、育成する、という**「育成の連鎖」が起こる風土があった**のです。

このように、職場に新しいメンバーが加わるタイミングでステージ転換を意図してペアを組ませることは、非常に効果的な方法でしょう。

レベル3

部下同士が、多対多でトランジションを促進し合っている状態

次のレベルは、部下同士を結ぶ関わりの矢印が全員に張り巡らされている状態です。④リーディングプレイヤーのようなある特定の部下が他の部下に集中的に関わっている、または①スターターや②プレイヤーのようなある特定の部下だけが指導育成を受けているといった状態ではなく、**先輩・後輩関係なく全員が全員の成長に向けて関わろうとしている状態**です。

このような状態を作ることができれば、マネジャーがいちいち口を出すことがなくても職場のあちこちで、お互いのステージ転換を促すやりとりが生まれているはずです。マネジャーにとって部下育成の面では理想とする職場の状態と言えるでしょう。

少し焦点を絞って、②プレイヤーへのトランジションに目を向けてみましょう。特にプレイヤーへの転換は、①スターターの後輩が職場に配属されるような入口のサインでもな

ければ、**ステージの変化に気づきにくい**ものです。そしてそれは、本人が気づきにくいだけではなく、周囲の他の部下にとっても同様です。いつまでも「あいつは一番下っ端」「まだ経験が浅いからこれくらいしかできないのは仕方ない」という認識が、なかなか払拭されないのです。

ですから、あなたがスターターの部下をそろそろプレイヤーへトランジションさせようという意図を持ったときは、チームのメンバー全員にその部下がプレイヤーへのトランジションを迎えていることを周知し、全員からの意図的な関わりを促すことが効果的です。

このようにして、「多」対「1」という関わりを作ります。

プレイヤーへのトランジションでは、特に、チーム全員が

- ☑ **職場全体で一緒に考える**
- ☑ **詳しい人やキーパーソンを紹介する**
- ☑ **次の機会にチャレンジしようという動機づけをする**

という関わりをしていくことが大切です。

このようなサポートがあってこそ、プレイヤーは

- ☑ **関係者の話を、意図も含めて理解できる**
- ☑ **関係者と話すときに自分の意図を盛り込める**
- ☑ **自分で解決できなくても、誰に聞けばいいか分かってくる**

という出口に近づくことができるのです。

実例をご紹介しましょう。

Dさんは I T系企業に勤める3年目社員です。3年目になって他部署とのやりとりが増えたところで、うまく仕事が進まないことに悩んでいたそうです。

「とにかく、何かをお願いしに行くことに抵抗があって。きちんと頼めないから、相手も期日までに仕事を上げてくれなかったりする。悩んでいたときに、職場でポロッと『今度あの人とこんな仕事で関わるんですよね』という話をしたら、普段はあまり一緒に仕事をする機会のない先輩に聞こえたようで、『あの人はこんな

タイプだから、お願いの仕方をこんな風に気をつけたほうがいい』だとか『私はあの人と明日話す機会があるから、声をかけておいてあげるよ』なんて言ってくれて、そこから、とても仕事がスムーズに進むようになったんです」

これが一つのブレイクスルーだったとDさんは言います。また、上司がいろいろな場で「Dさんはこんなことに詳しい」「こんなことができる」と宣伝してくれたので、そのうち他の先輩からも意見を聞かれるようになってきたそうです。

「もともと上司からは、『お前をうちの職場に引っ張ってきたのは、うちのメンバーが持っていない専門性があるからだ』ということは言われていました。実際に、『この件だったら、Dに聞いてみな』といったことを、職場でどんどん言ってくれたんです。これが自信にもつながりました。すると他の先輩も、他部署の人が相談に来たときに『Dに聞いてみるといいよ』とつないでくれるようになりました」

このような関わりが周囲からあったことで、「ずいぶん仕事が進めやすくなりました」とDさんは振り返っています。

Dさんの職場では、上司や先輩が皆、積極的にDさんに働きかけていることが話から伝わってきます。

プレイヤーに、チーム全体で関わる風土を作るポイントを整理しておきましょう。

- **課会やミーティングの中でプレイヤーに意見を求め、それに対して他のチームメンバーがリアクションするような働きかけを行う**
- **小さな仕事であっても、「意図的に他部署の関係者の協力を引き出さなければいけない仕事」を割り当てる**

Dさんの事例では、先輩「多」が後輩「一人」に関わる「多」対「1」の例を紹介しましたが、後輩が先輩のトランジションを促進するために関わる「多」対「1」もあります。

たとえば、④リーディングプレイヤーが、小チームやプロジェクトチームのような形で②プレイヤーや③メインプレイヤーと一緒に仕事をしているとします。リーディングプレイヤーはその協働する後輩の指導や、チーム全体に目を配ってチーム運営をすることが役割として求められるわけですが、当然これは容易なことではありません。リーディングプレイヤーである先輩は、後輩への仕事の頼み方や指導の仕方などを迷いながら行っていて、後輩も先輩のチーム運営のあり方についてどこか疑問を感じなら日々仕事している、というのはよくあることです。

もちろん、それを後輩が先輩にストレートに言うことは抵抗があってなかなか難しいでしょう。だからこそ、先輩社員にとって**後輩から言われたひと言というのは、心に刺さるひと言になることが多い**のです。先輩社員は感情的になることなく、後輩からの率直な進言に耳を傾けることで、多くを学ぶことができるのです。そのためにも、後輩は先輩に対して「もっとこうあってほしい」「今の仕事の進め方で困っている」など、臆することなく、率直に伝えてほしいものです。

マネジャーとしては、こういう後輩から先輩への率直な関わりを奨励し、背中を押してあげることが重要です。また日頃から、誰もが意見を言いやすい職場環境であることも重要です。

風通しのよい組織においては、①スターターや②プレイヤーといった後輩から、③メインプレイヤーや④リーディングプレイヤーといった先輩の育成に向けた関わりが生まれてきます。これによって、「多」対「多」でトランジションを促進し合っている状態ができていきます。

ここまで読んできて、現実はなかなか難しいと感じた方もいるでしょう。たしかに簡単ではありません。一朝一夕にこのような職場を作れるわけではありませんが、**レベル3**の職場作りを目指して、企業で取り入れている手法がありますので紹介します。

育成コーチングと、育成チームミーティング

ここからは、ステージ別育成をチームに取り入れていく際に効果的なマネジャーと部下の1対1の関わりの手法と、チームでの育成ネットワーク作りのための手法をご紹介します。名づけて「**育成コーチング**」と「**育成チームミーティング**」です。「育成コーチング」は、部下と1対1で話すものです。部下へのコーチングを終えたら、職場全体で行う「育成ミー

ティング」を実施すると効果的です。

（1）育成コーチング

ステージ別育成をチームに取り入れていくときにまず大事なことは、上司であるマネジャーと、育成しようとしている部下の間で、トランジションの状況認識のすり合わせができていることです。

具体的には、その部下が現在どのステージにいるのか、どんなことが期待されているのか、トランジション中なのか否か、成長課題は何かといった内容について、**部下本人の認識とあなたの認識をぴったりと合わせる**ということです。ここが合っていなければ、いくらあなたが一生懸命指導しても、部下本人にとっては的外れなものになってしまうでしょう。

始めは大変かもしれませんが、一度、一人ひとりの部下とじっくりと話す機会を作りましょう。驚きや発見があるはずです。「思っていた以上に、部下は自分の成長課題を的確に認識していて、頑張ろうとしていた」「自分が周りから期待されていることにまるで気づいていなくて愕然とした」という気づきがあるでしょう。

このコーチングの時間こそ、部下にとってみればあなたから「入口のサイン」や「出口のサイン」を示されることになるでしょうし、「トランジションを促進する周囲（上司）からの関わり」を受ける場になるでしょう。「トランジションを促進する体験」となる仕事を割り当てられる場になるかもしれません。

具体的な進め方は、次ページの図をご覧ください。

（2）育成チームミーティング

ステージ別育成をチームに取り入れ、多対多の関係を作るには、部下同士も、互いのトランジションの状況について理解しておくことが大切です。**（1）**の育成コーチングですり合わせたことを、他の部下にも知っておいてもらうことで、互いに日常業務の中でアドバイスしやすくするのです。

具体的には、部下一人ひとりが自分はどのステージにいて、トランジションの状況はどうなのか、何が成長課題なのか、そして周囲の同僚には普段からどんな関わりをしてほしいのか、ということを部下自ら語り、それに対して周囲の同僚はアドバイスを送るというものです。

育成コーチングの進め方

	上司	部下
①事前準備	**コーチングする部下について、以下のことを考えておく** ・今どのステージにいるのか ・トランジションの状況はどうか ・トランジションを乗り越えたり、次のステージを目指す上で課題だと思うこと ・そのためのアドバイス	**自分について、以下のことを考えてもらう** ・自分が今どのステージにいるのか ・トランジションの状況はどうか ・トランジションを乗り越えたり、次の役割ステージを目指す上で課題だと思うこと ・そのために自分が今後何に、どのように取り組んだらよいか

②コーチングの進め方

どのステージにいるかを上司と部下で確認する。
もしお互いが捉えているステージが合っていないようなら、
なぜそのステージだと思うか、なぜそのステージを期待しているかを話し合う

↓

次に、トランジションの状態（トランジションの最中か、すでに乗り越えたか）
について確認する。もしお互いの認識が合っていなければ、
具体的にどのような場面、事実からそう感じているかを話し合う

↓

部下が該当するステージの「抑える意識・行動」「伸ばす意識・行動」が
どの程度できているかを確認する

↓

トランジションについて苦労していること、
課題だと思っていることを部下から話してもらい、
マネジャーはそれに対してアドバイスを送る

※コーチングは部下と1対1で行い、30分〜1時間程度の時間をかける

このミーティングでは、自らが課題を考えて口にするため、**他のメンバーは本人にアドバイスを伝えやすい**というメリットがあります。特に後輩から先輩に対して、「確かに先輩はそういうところがあるかもしれません。たとえばこの前、あの場面で私はそういう風に感じたことがあります。もう少し、こうしていただけるとうまくいくかもしれません」といった具合に、普段言いにくいことでも伝えるきっかけになりやすいのです。

先ほど紹介した面談は1対1、こちらはチーム全員というミーティングの場ですから、ファシリテーション（進行）の難しさはあります。しかし、効果は抜群です。

この手法は、職場に育成ネットワークを作る上で、非常に大きな効果があります。

具体的には、

- **チームをレベル3の、部下同士が多対多でトランジションを促進し合っている状態に、意識をより高めるために手を打ちたい**
- **新しく作られた組織で、短期間にチーム力を高めなければいけない**
- **あなたがマネジャーとして新たな職場に異動し、部下一人ひとりの状態を把握したい**

といった場合などに、実施してみることをおすすめします。

育成チームミーティングの進め方

	上司	部下
①事前準備	部下それぞれとのコーチングの内容を確認しておく	**部下に以下の点を他のメンバーと共有できるように準備してもらう** ・育成コーチングをやってみて印象に残ったこと ・現在のステージと仕事に照らして自分に今期待されていると思うこと ・期待に照らしての自分の強み・課題 ・自分の成長のために周囲に期待したい関わり

②ミーティングの進め方

部下1人につき以下の手順で進める（一人当たりの目安：20分）

本人

・育成コーチングをやってみて印象に残ったことと、「トランジションの状態」

・「自分に今期待されていると思うこと」「期待に照らしての自分の強み・課題」を共有する

周囲のメンバーから

・本人の意図をその場で確認し、つけ加えられる強み・課題についてコメントする

全員

・本人から「今後こんな関わりをしてほしい」と依頼する

・周囲のメンバーからは関わり方の提案をする

周囲のメンバー

・応援メッセージを送る

本人

・ミーティングの感想を発表

※上司は主に進行を担当し、必要に応じて発言

一方で、

「部下の業務時間を奪うことになり、理解を得られないことが心配」

「部下が評価を下されていると捉えて反発しないのか」

といった懸念を抱かれる方もいるようです。

だからこそ、実施に際しては留意点として、
・この取り組みの目的は、あくまで部下全員の能力開発のために行おうとしている
・上司であるあなた自身が、そのために協力したいと思っている
・この取り組みは、部下を評価をするものではないし、人事考課などに用いることは一切ない
ということをきちんと説明して、進めていくことが必要です。

前ページ図の進め方を参考に、あなたの職場の状況やメンバー構成も考慮しながら、アレンジしてみてください。

トランジションが起こるチームを作るために

ここまで、「ステージ別育成をチームに取り入れる」というテーマで、「マネジャーが個別に関わることなく、チームメンバー同士がお互いに関わり合いながらトランジションを促進しているチーム」を作ることを目指して、取り組みのヒントをお伝えしてきました。

皆さんの中には「とてもじゃないが、自分の課・チームではこんな部下同士の関わりは望めそうにない」だとか「理想としては分かるが、いきなりこのレベルを目指すのは難しい」と尻込みする方もいらっしゃるでしょう。確かに、チーム全体のレベルを上げるということは、何か手を打ったからといって、すぐさま成果が上がるようなものではありません。

しかし、継続的にこのような取り組みを続けていくことで、必ずチームの変化の兆しを感じる瞬間があるはずです。それこそ、マネジャーとしての部下育成の醍醐味を味わえる場面です。

自身の成長を実感する部下と、そんな部下を見て喜びと頼もしさを覚えるあなた。そんな関係にすべく、チームを高めていきましょう。

5章

マネジャー自身の「この先」のステージ

マネジャーに待ち受けているステージ

さて、ここまではマネジャーとして、部下をどのように育てるか、職場の力をどのように高めるかを探究してきました。

一方、あなた自身も、一人のビジネスパーソンであることには変わりありません。これから新しいステージを歩んでいく人が多いことでしょう。そのようなあなたには、今後、どのようなステージが待ち受けているのでしょうか。この章では、皆さん自身の将来を考えるための参考材料として、これからマネジャーが歩んでいくステージを見ていきます。

なお、一般社員は段階を追って4つの役割ステージを順に進むため、①~④の番号をつけて説明しましたが、ここから先は、順番ではなく様々な道筋の可能性があります。そのため、番号を振らずに説明していきます。

マネジャーが歩むステージは、一本道ではない

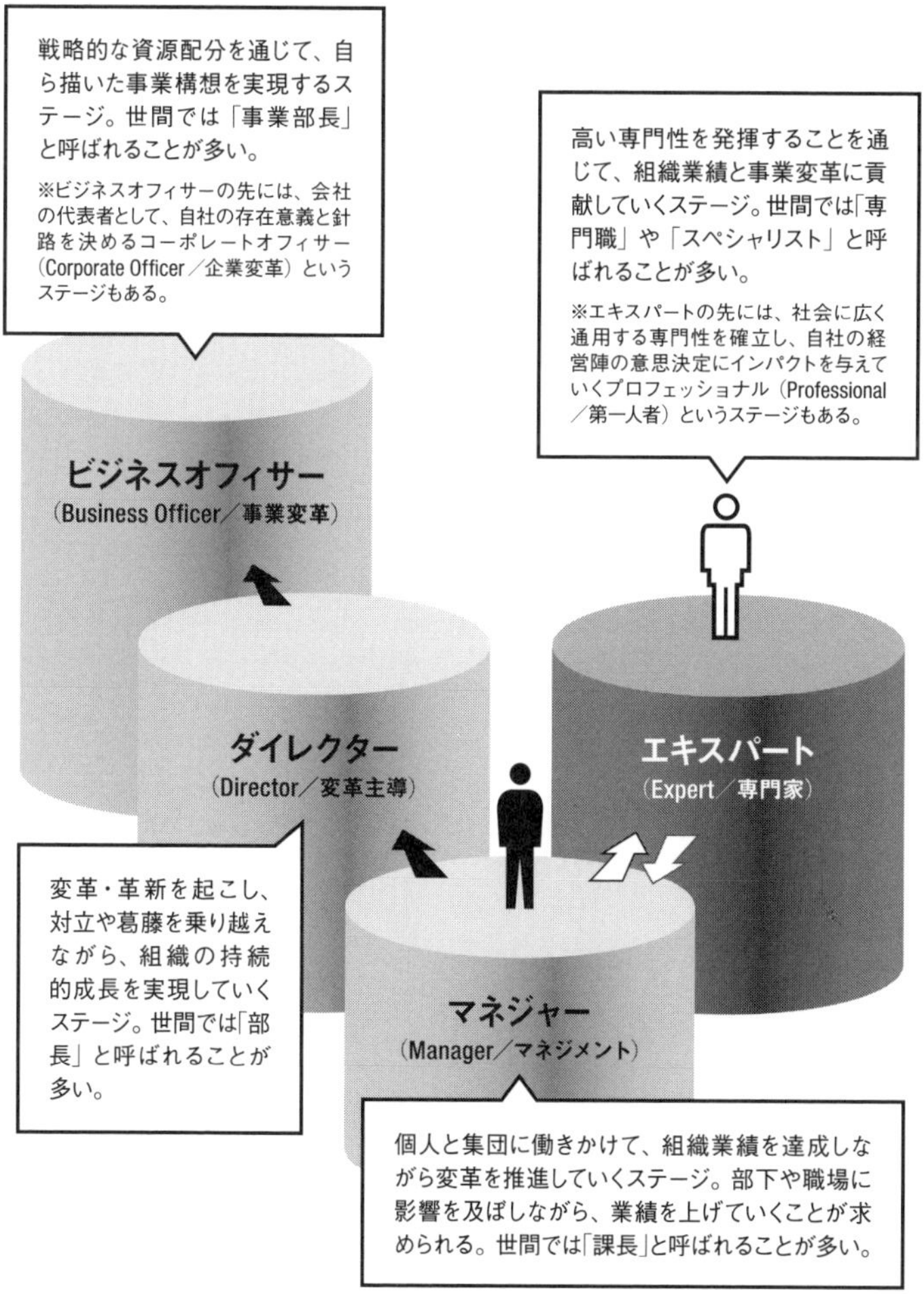
戦略的な資源配分を通じて、自ら描いた事業構想を実現するステージ。世間では「事業部長」と呼ばれることが多い。
※ビジネスオフィサーの先には、会社の代表者として、自社の存在意義と針路を決めるコーポレートオフィサー（Corporate Officer／企業変革）というステージもある。
高い専門性を発揮することを通じて、組織業績と事業変革に貢献していくステージ。世間では「専門職」や「スペシャリスト」と呼ばれることが多い。
※エキスパートの先には、社会に広く通用する専門性を確立し、自社の経営陣の意思決定にインパクトを与えていくプロフェッショナル（Professional／第一人者）というステージもある。
ビジネスオフィサー
（Business Officer／事業変革）
ダイレクター
（Director／変革主導）
エキスパート
（Expert／専門家）
変革・革新を起こし、対立や葛藤を乗り越えながら、組織の持続的成長を実現していくステージ。世間では「部長」と呼ばれることが多い。
マネジャー
（Manager／マネジメント）
個人と集団に働きかけて、組織業績を達成しながら変革を推進していくステージ。部下や職場に影響を及ぼしながら、業績を上げていくことが求められる。世間では「課長」と呼ばれることが多い。

・マネジャー（Manager／マネジメント）

個人と集団に働きかけて、組織業績を達成しながら変革を推進していくステージ。部下や職場に影響を及ぼしながら業績を上げていくことが求められる。世間では「課長」と呼ばれることが多い。

・エキスパート（Expert／専門家）

高い専門性を発揮することを通じて、組織業績と事業変革に貢献していくステージ。マネジャーとは異なり、部下を預からない立場で、その専門性を通じた貢献を期待される。世間では「専門職」や「スペシャリスト」と呼ばれることが多い。

※この先には、社会に広く通用する専門性を確立し、自社の経営陣の意思決定にインパクトを与えていく、プロフェッショナル（Professional／第一人者）というステージもある。

・ダイレクター（Director／変革主導）

変革・革新を起こし、対立や葛藤を乗り越えながら、組織の持続的成長を実現していくステージ。当面の課題だけでなく、将来を見据えた変革課題を主導していくことが求められる。世間では「部長」と呼ばれることが多い。

・ビジネスオフィサー（Business Officer／事業変革）

戦略的な資源配分を通じて、自ら描いた事業構想を実現するステージ。特定の部門(開発・生産・営業）の視点を越えて事業全体の理想を追求することが求められる。世間では「事業部長」と呼ばれることが多い。

※この先には、会社の代表者として、自社の存在意義と針路を決めるコーポレートオフィサー（Corporate Officer／企業変革）というステージもある。

皆さんは、現在、マネジャー(Manager／マネジメント)のステージにいる方が多いでしょう。そこで、最後に、ご自身の成長として、マネジャーのステージへの転換にどのようなポイントがあるのかを振り返ります。

マネジャーにとっての「抑える」と「伸ばす」

マネジャーのステージでは、「個人と集団に働きかけて、組織業績を達成しながら変革を推進していく」ことが求められます。現場の第一線の管理者として、プレイヤーやリーディングプレイヤーなど、様々なステージの部下を活用して、仕事の成果を上げていく役割を担っています。その意味では、1〜4章の内容を使って職場を運営できるようになったマネジャーこそが、このトランジションに成功できた人と言えるでしょう。

他のステージと同じように、**実はマネジャーにも「抑える」と「伸ばす」が存在します。**
次ページの図をご覧ください。

マネジャーの核心となる意識・行動

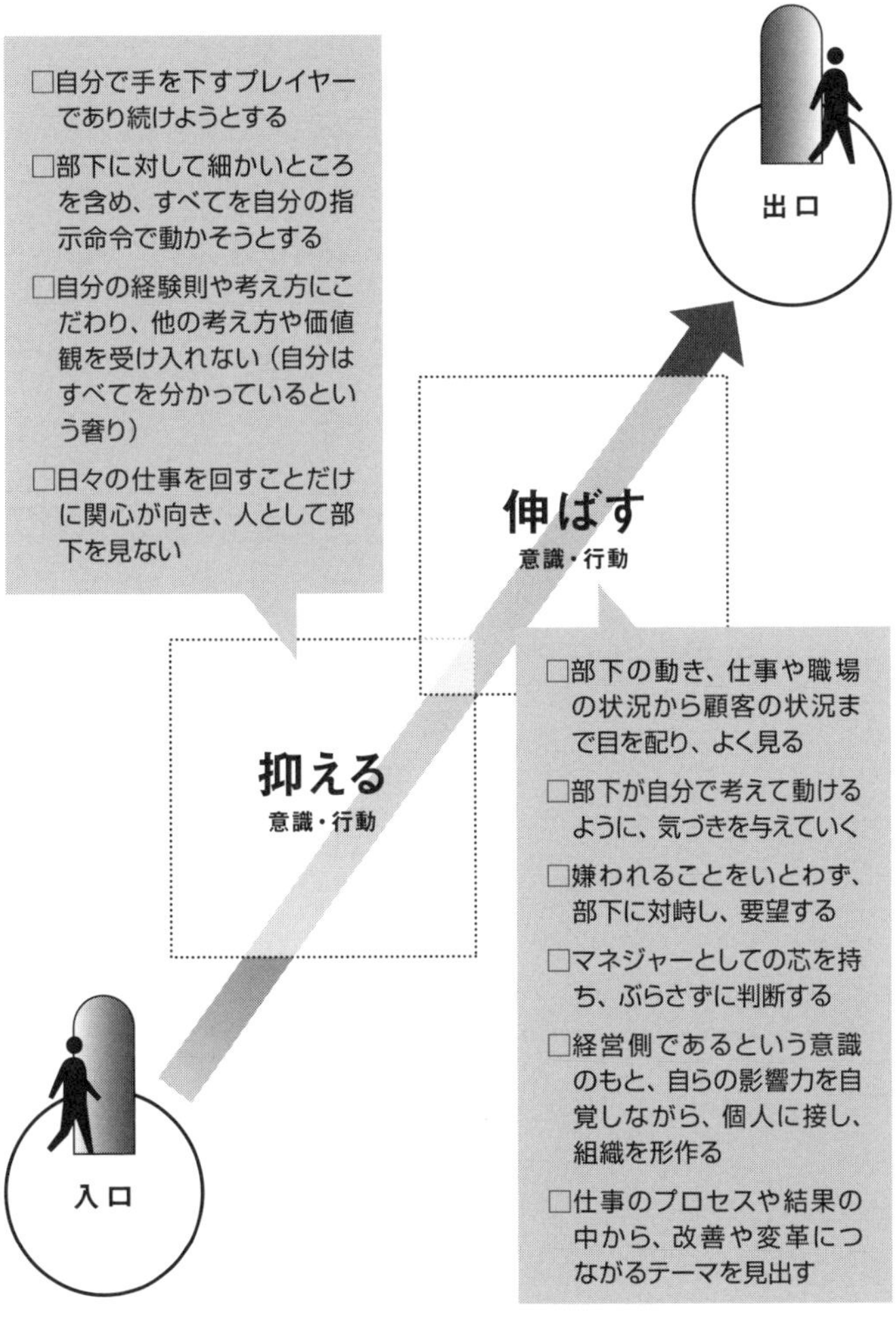
□自分で手を下すプレイヤーであり続けようとする
□部下に対して細かいところを含め、すべてを自分の指示命令で動かそうとする
□自分の経験則や考え方にこだわり、他の考え方や価値観を受け入れない（自分はすべてを分かっているという奢り）
□日々の仕事を回すことだけに関心が向き、人として部下を見ない
出口
伸ばす
意識・行動
抑える
意識・行動
□部下の動き、仕事や職場の状況から顧客の状況まで目を配り、よく見る
□部下が自分で考えて動けるように、気づきを与えていく
□嫌われることをいとわず、部下に対峙し、要望する
□マネジャーとしての芯を持ち、ぶらさずに判断する
□経営側であるという意識のもと、自らの影響力を自覚しながら、個人に接し、組織を形作る
□仕事のプロセスや結果の中から、改善や変革につながるテーマを見出す
入口

とりわけ、これまで担当者としてのプレイング業務に慣れてきた人にとって、プレイング業務とマネジメント業務のバランスをとるための苦労は大きいでしょう。ついついこれまでに使ってきた「利き腕」であるプレイングの発想でマネジメントしてしまいやすいからです。自分で直接手を下してしまったり、細かいところまですべて各論で部下に指示したりすることは、プレイングの発想の代表例です。

しかし、当然のことながら、部下はマネジャーの操り人形ではありません。部下こそが主役であることを忘れてはいけません。マネジャーの立場になったからには、**「部下が動きやすい職場を作るためには、マネジャーである自分がどのように振る舞えばよいのか」**という発想に転換することが求められます。

この「抑える」と「伸ばす」につまずいていると、マネジャーへのトランジションはうまくいきません。やがて部下からの反発を受けて職場で孤立してしまい、業績も上げられないというマイナスのサイクルに陥っていく恐れもあります。一刻も早く「抑える」と「伸ばす」を、身につけていきたいものです。

マネジャーの陥りがちな状態

- **業務に追われて優先順位をつけられずに、部下が疲弊して中途半端な成果しか出せなくなる**
- **上司に対して提言ができずに、上から下りてきた方針をそのままメンバーに下ろす**
- **部下に仕事を任せようとしても、結局、自分が出張ってしまう**
- **部下が、報告や相談、意見提案をしてこなくなる**
- **部下が、マネジャーの顔色を伺うようになる**
- **職場や会議における発言や交流が少なくなり、よどんだ空気になる**
- **部下が、自分の仕事だけに目を向け、お互いに関心を持たない**

部下の成長こそ、マネジャー自身の成功とやりがい

トランジションに成功したマネジャーは、職場全体の成果が上がってくるとともに、**部下の成長も実感できる**ようになります。自分があれこれ細かく言わなくても、部下が自発

的に動けて、お互いに協力し合えるような職場が作られていることでしょう。**あなた自身が抱えるプレイング業務も減っていく**はずです。

また、他部署からは「最近、君のところの○○さんは伸びたね」という評判を耳にする機会に恵まれるかもしれません。そして、何よりマネジャー自身が「部下の成長に喜びを感じる自分」を発見することになることでしょう。自分の介在価値（＝自分が介在したことによって部下が成長した）を実感する喜びは、プレイング業務の成果への誇りや喜びとはまったく異なるものです。この喜び、つまり**「マネジャーのやりがい」**に目覚めたときにこそ、無事にマネジャーのステージに転換できたと言えるのかもしれません。

そして、このマネジャーのステージで十分に活躍できるようになることが、皆さん自身の次のステージを切り拓くことにつながっていくのです。

マネジャーの分岐点――スペシャリストかマネジメントか

マネジャーのステージを卒業する人は、2つの道に分かれていきます。一つは「自らの専門性を追求し続ける道」であり、もう一つは「組織を牽引し続ける道」です。言い換えれば、スペシャリストの道とマネジメントの道です。

スペシャリストの道を歩む人には、企業が直面する複雑な課題に対して、自らの専門性を武器に解決していくという貢献を期待されます。

多くのスペシャリストは、これまでマネジャーとして部下を預かる立場から離れる代わりに、よりいっそう専門性に特化した活躍が求められます。世の中の変化は激しく、常に新しい知識や情報が登場します。スペシャリストとは、そのような環境の中にあっても自分の専門性を磨き続け、若いメンバーや職場に対して刺激を与え続ける、お手本になるのです。

もう一つの道、マネジメントの道を歩む人には、企業そのものの将来の針路を指し示し、組織のメンバーを動かしていくことが期待されます。

マネジャーのステージは、自分の職場やメンバーに直接働きかけることができるものの、次のダイレクターになると、管轄するメンバーや組織の範囲はどんどん大きくなり、直接には働きかけられなくなっていきます。一般社員だけでなくマネジャーをも部下に持ち、現場に対して間接的であっても影響力を発揮していけるようなリーダーシップを身につけていく必要が出てきます。また、組織の外、つまり顧客や社会の動向についてもアンテナをより広く張り巡らせ、自社の進む道を見出していかなければなりません。

一人のマネジャーが、将来にどちらの道を歩むことになるのかは、企業の置かれた環境によって影響を受けます。

たとえば、ＩＴ技術や環境技術など、新たな知識を獲得していこうとしている企業では、スペシャリスト人材の要請が高まります。また、職場の中から指導や育成を必要とする若手メンバーがいなくなってしまったベテランメンバー中心の職場では、マネジメントを行う管理者ばかりいても仕方ありません。管理者には、スペシャリストとしての活躍を新たに期待されることになるのです。

その一方で、事業を多角化して新商品・新事業に乗り出したり、海外市場などの新たなマーケットに進出し、新たな拠点を立ち上げたりする企業では、新たな組織を牽引していくマネジメント人材の要請が高まります。

つまり、マネジャーが歩む道は、会社の戦略＝人材ニーズによって左右されるということになるのです。マネジャーとスペシャリストの道を行き来する人もいます。ということは、マネジャーは、将来どちらの道を歩むことになるのか、会社に委ねるしかないのでしょうか。答えはＮＯです。

当然ながら、マネジャーの将来は、会社の一存だけで決まるわけではありません。マネジャー自身の主体的な意思が、マネジャーの将来を方向づけるのです。**「自分は将来こんなことを実現したい」「将来はこんな立ち位置で会社に貢献していきたい」という自分の思い・価値観を明らかにしておくこと**が大切なのです。自分の思い・価値観を明らかにしないまま、日々を何となく過ごしていると、会社の状況に流される成り行き任せのキャリアになってしまいます。確かに、成り行き任せでも幸せなキャリアを歩めることもあるでしょうが、自分でコントロールできないという点では、リスクの大きい道かもしれません。

「いきいきと活躍している理想の自分像」がいつの日か実現されることを思い描きながら、日々の仕事の中でチャンスを探ろうとしているマネジャーには、きっとチャンスが訪れるでしょう。より正確に言えば、他の人にはチャンスと思えないような出来事も、自分にとっては理想を実現するチャンスや糸口として捉えることができるのです。

また、部下は上司であるマネジャーをよく見ています。

「理想の自分像」を持って、自身の成長に向けて努力するマネジャーの姿勢は、部下に伝わるものです。マネジャーの主体的な意志や、チャンスを切り開こうとする行動が、部下の刺激となって、部下の成長を促進させることもあるのです。

コラム

「偶然」を、キャリア形成のチャンスとして捉える

人は、数えきれない予期せぬ出来事によって、様々な経験をして学習していくものです。心理学者であるクランボルツは、この予期せぬ出来事を「学習の機会」として捉えることの大切さを唱えています。彼は、個人のキャリアが、偶然に起こる予期せぬ出来事によって決まっていくことがあることを指摘し、個人の主体性や努力によって偶発的な出来事をチャンスとして捉えることができると述べています。そして、**偶発的な出来事を、チャンスとして捉えることのできる人**の特徴として、5つの特徴を挙げています。

1. 好奇心（Curiosity）
2. 持続（Persistence）
3. 柔軟さ（Flexibility）
4. 楽観的に考えること（Optimism）
5. リスクを取ること（Risk-taking）

このクランボルツの考え方は、「Planned Happen Stance（計画された偶発性）」理論と名づけられていて、「マネジャーの分岐点」を考える際にも役に立ちます。

ではここで、チャンスを活かして自分の理想を実現させた、2人のマネジャーのケースを紹介しましょう。

ケース1：スペシャリストの道を進んだAさん

自動車会社の研究開発部門で働くAさんは、開発課長としてメンバーを預かる立場についていましたが、内心ではずっと「技術屋」としてエキスパートであり続けたい」と思っていました。もちろん若いメンバーを指導し育成することも楽しく、やりがいを感じていたのですが、自分よりも課長に向いている人は他にもいると思っていました。

そこで、職場のナンバー2のCさんに目をかけ、自分の後を継いで課長の職務を担えるように鍛えることにしました。誰にどんな仕事を割り当てるとよいのか、会議はどのように運営すると効率が上がるのか、若いメンバーが難しい問題解決を自力で進めるためには、どんな指導が求められるのかなど、あらゆるマネジメントの課題について、Cさんにできるだけ考えさせ、任せるようにしたのでした。

ある日、開発部長が、AさんとCさんの取り組みに注目して、Aさんに声をかけてきました。

「最近、Cさんはメンバーをうまくまとめるようになってきたね」

「はい、そうなんです。Cさんだったら開発課長のポジションを譲れるかもしれないと考えているんです。そのときには、私は『技術屋』として技術開発に再び専念したいと思っています」

「そうか、Aさんはもともとエンジンの研究開発が専門だったね」

実際に、Aさんは開発課長になる前から、エンジンの研究開発に長けていて「エンジンのA」という異名をとるほどでした。開発課長になってからも、マネジメント業務とは別に、技術論文を作成・発表し続けていました。

そして、Cさんが昇進試験に見事合格したタイミングで、Aさんは晴れて開発課長の座をCさんに譲ることができました。Aさんは、主任研究員という立場で、後任課長の組織運営を側面支援しつつも、これまで以上のペースで論文の作成に力を注ぐことができるようになりました。社内では商品開発会議の中で専門家としての意見を求められ、社外では学会発表やマスコミへの取材対応の機会も増えるようになりました。

常に最新の知識を学びつつ、その知識を組織に還元することが求められる立場になりましたが、Aさんは充実した日々を過ごしています。

ケース2：マネジメントの道を進んだBさん

食品会社に勤める営業マネジャーのBさんは、長年担当するエリアの取引先から信頼され、忙しくも充実した日々を過ごしていましたが、もともとは「自らが主導して新しいビジネスを作り出したい、よりたくさんの人に影響を与えていきたい」と思っていました。

あるとき、全国のマネジャー会議の中で、Bさんは事業部長の中期経営計画の方針演説を聞く機会がありました。

「これまで当社はファミリー向けの食品を中心に作ってきた。しかし、少子・高齢化社会になっていく現実を見据えて、単身世帯をターゲットにした新商品ブランドを立ち上げるつもりだ。これから、その立ち上げのスタッフ集めからスタートしようと思っている」。

会議終了後、同僚のマネジャーたちは困った顔をして「いや、単身世帯をターゲットにするなんて大変だなあ」

「ああ、単身世帯だと、たくさんの量を扱えないからなかなか儲けるのは難しいんじゃないかな」

「お前のところの部下の○○さんなんか向いているんじゃないの?」

「とんでもない! 今あいつに抜けられたら困るよ!」

などと、ヒソヒソと語り合っていました。

しかし、そんなマネジャーたちとは一線を画すように、翌日、Bさんは事業部長に声をかけていました。

「よろしければその仕事を私に任せていただけませんか。日々営業をしている中で、今のファミリー向け中心の商品ラインナップが消費者の実態から離れているように感じていたのです。私は、今度の新商品ブランドを通じて、今の消費者の本当のニーズに迫りたいのです」。

思いが認められ、晴れて単身世帯をターゲットとした商品を考えるマーケティング企画課長となりました。その後、消費者のニーズ調査、商品の企画・レシピの決定、量産体制の構築、単身者の心をくすぐる広告宣伝の検討、スーパーマーケットやコンビニエンスストアのような流通業との交渉など、様々な経験を乗り越え、新商品ブランドは記録的な大ヒットを飛ばすに至りました。

今では、Bさんは新ビジネス企画部の部長として、部下30人を率いてさらなる新ブランドの立ち上げに向けて、日々忙しくも楽しく過ごしています。

Aさんはスペシャリストの道を、Bさんはマネジメントの道をそれぞれ歩んでいるという点ではまったく異なりますが、**自分の思いや価値観を明らかにして、その実現のためにチャンスを見出してつかんできたという点では共通しています。**Aさんの場合は、「技術屋としてエキスパートでありたい」という強い願いが課長の後継者候補のCさんを見つけ出しました。また、Bさんの場合は、「新ビジネスを作り出したい」という夢を持っていたおかげで事業部長の演説をチャンスとして受け止めることができました。

もしも自分の思いや価値観が明確でなかったら、2人はチャンスを見つけ出すことはできなかったかもしれません。AさんはCさんを数ある部下のうちの一人くらいにしか捉えなかったでしょうし、Bさんも事業部長の演説を思いつきや気まぐれ程度に受け止め、聞き流していたことでしょう。

「自分が将来実現したいのはどんなことか?」
「今の自分がいる環境の中で、その実現につながりそうなことは何か?」
改めて考えてみてもよいかもしれません。

おわりに

2000年代、多くの日本企業で成果主義が導入され、職務の専門分化や組織のフラット化が進みました。仕事に対する価値観は多様になり、中途入社者も増える中で、年次や年齢と実力が比例せず、人材のばらつきが広がるようになりました。「〇年目には〇〇のレベルの仕事ができる」という相場観が崩れつつあります。部下本人にとっては自分が世間に比べてどのレベルの実力を有しているのか分からないということになり、マネジャーにとっては部下がどこまでのレベルの仕事を担えるのか（どんな育成・指導が必要なのか）を把握しにくくなってきているのです。

こうした日本企業の変化は、「お客様の声」として、私たちに届くようになりました。「10年目社員への施策を考えているが、抱えている課題も仕事の状況もバラバラで共通の研修を企画できない」「部下の育成がうまくいかない課長が増えているので何とかしたい」というご相談をいただく背景には、こうした変化があるのだと思います。

しかし、これまで様々な業界で人材育成の支援をしてきた私たちには「企業や業界をこえ越えて共通するステージがある」という暗黙知がありました。この暗黙知を明らかにして、一人でも多くのビジネスパーソンの成長を後押ししたい、そんな思いで調査・研究をスタートしたのです。その結果、ビジネスパーソンの10のステージが整理され、ステージの転換における要件を明らかにすることができました。本書はその知見を、部下を育成するマネジャーの目線で編集したものです。

『部下育成の教科書』は、多くの職場で通用する考え方ですが、一方で今後補強していきたいテーマもあります。それは「グローバル人材」と「経営人材」です。グローバル人材については、本書の考え方が、文化や商習慣の異なる海外の外国人社員の育成にも適用できるのかを検証していきたいと考えています。また、経営人材の枯渇に悩む日本企業も増えています。ビジネスオフィサーやコーポレートオフィサーへの転換の調査の過程で、このステージまで到達する人は、メインプレイヤーやリーディングプレイヤーの頃に、将来につながる重要な経験や能力を獲得していることが見えてきました。経営人材の早期の発掘・育成にも適用できる考え方としての進化を模索したいと思います。

本書の上梓にあたっては、たくさんの方々にお世話になりました。毎年、新入社員から管理職まで多くのビジネスパーソンの方々に私たちのサービスをご利用いただいています。本書のコンセプトは、こうしたお客様との接点から生まれたものです。また、本格的な調査・研究にあたっては、自動車・電機・金融・商社・インフラ・小売など、様々な業界の企業にご協力いただきました。厚く御礼を申し上げます。また、調査・研究をまとめるにあたっては、多くの同僚からアドバイスをいただき、発展させることができました。最後に、編集者の和田史子さんには、とかく専門的な表現に偏りがちな私たちに対して、読者目線からの助言を数多くいただきました。

本書は3人の同僚の共同執筆による成果です。この大仕事は、私たちにとってまさしく「トランジションを促進させる体験」でした。お互いに励まし合い、ときに率直なフィードバックをし合う関係性があったからこそ、乗り切ることができました。「挑戦的な仕事は人を育てる」ということを、身をもって実感する機会となりました。貴重な機会と出会いに感謝しています。

2012年3月吉日　　著者一同

トランジションを促進させる体験

□ 任されたひとまとまりの仕事を完成させる
▶上司や先輩の指示に従って完成させることで、「仕事を進める」ということの感覚をつかむ

□ 仕事を通して多様な立場や価値観の人と接する
▶社会人としての基本的な行動や判断の基準を身につける

□ 任された仕事について顧客や周囲の反応を得る
▶自分の立場（誰に何を提供する存在なのか）を実感する

トランジションの核心となる意識・行動

伸ばす 意識・行動

□ 事実と意見を分けて伝える
□ 自分から周囲にフィードバックを求め、素直に取り込んだり、学ぼうとする
□ 自分の言動が相手にどう伝わるかを意識する
□ 顧客への提供価値を考える

抑える 意識・行動

□ 事実や意図を確認せず、分かったつもりで行動する
□ 必要なことは教えてくれるもの、与えられるものという待ちの姿勢でいる
□ 相手の期待を考えず、自分の満足や納得、好き嫌いを基準にして行動する
□ すべてメールで解決しようとする

トランジションの出口のサイン

□ 仕事の流れや意味を理解できる
□ 職場のメンバーの名前を覚えて話せる
□ 素直に自分の思ったことを発言できる
□ お客様のためにということに気恥ずかしさを覚えなくなる
□ 相手から質問されていることの意味が分かる
□ やらされ感が減り、自分の考えを持って相談できる
□ 先輩の動向に目がいく。学べるものを学ぼうとする

スターター（Starter／社会人）

ビジネスの基本を身につけ、組織の一員となるステージ

・社会や会社の一員としての姿勢や行動、仕事の仕方を身につける
・自分の関わる仕事の全体像をつかみ、後工程や顧客のことを考えて行動する
・周囲からのアドバイスや指摘を真摯に受け止め、行動を変えようとする
・初めてのことや初対面の相手に尻込みせず取り組み、何事からも学ぼうとする
・新鮮な視点から仕事や職場についての違和感や疑問を率直に出し、周囲に影響を与える

トランジションの入口のサイン

内定時期

□ 内定者同士で集まる機会がある
□ 会社から課題を納期つきで出される
□ 先輩社員の話を聞く

入社時期

□ 自分でコントロールできない時間が増える（出社・退社時間、勤務日など）
□ 給与をもらい、納税者になる
□ 社会人としての言葉遣いや身だしなみを守ることを求められる
□ 社内規程、手続きを踏むことを求められる
□ 初耳の社内用語に触れる

配属時期

□ 上司や先輩から指摘を受ける
□ 職場に属し、年齢や価値観の異なる人と関わるようになる
□ 名刺を持つ
□ 顧客と接する
□ 会議に参加する
□ 専門用語に触れる
□ 仕事を与えられる

トランジションを促進させる周囲の関わり

ステージ入口

□ ステージ転換を要望する
▶「いずれ○○の仕事をするんだから、研修中に工場をよく見ておけよ」

アサイン

□ 任せる仕事への期待や要望を伝えて背中を押す
▶「面倒見るから思い切ってやりなさい」

仕事の遂行過程

□ お手本として助言する、励ます、安心できる関係性を作る
▶「困ったことがあったら、何でも言ってきていいんだぞ」
□ 自分の頭で考えさせる、他者視点を考えさせる、多様な観点を示す
▶「それをやったら、相手はどう感じると思う?」

仕事の結果場面

□ できたことを承認する、できていないことを示す、学びを意味づける
▶「現場で見てきて感じたことを忘れるな」
□ 一緒になって喜ぶ・くやしがる、なぐさめる

ステージ出口

□ ステージ転換したことを伝える
▶「その仕事だったら、もう自分一人でできるでしょ」

トランジションを促進させる体験

□ ある業務の担当を任される
▶ 一人で責任を持って業務を丸ごと進める

□ まずは自分で考えよう、調べようと行動してみる
▶ 自分の考えや責任で仕事を動かす感覚、楽しさを実感する

□ やり始めるが分からない、うまくいかない、できない、失敗する
▶ 他部署からクレームが来る、怒られる

□ 周囲に支援を求める、もしくは周囲からの関わりがある
▶ 近寄りがたい先輩にも自分から近寄って助けを求める

□ 仕事の結果が出て、認められ、自信につながる
▶ できることが増え、自信を持つ
▶ 新しいことに取り組む意欲がわく

トランジションの核心となる意識・行動

伸ばす 意識・行動

□ 相手の言わんとしていること（内容、意図、期待）をしっかりと聴き、把握する
□ うまくいかないことがあっても諦めず、解決策を考えて最後まで取り組む
□ 根拠に基づく意見を持つ
□ 振り返りを通じて、自分の行動特徴や力量を把握する

抑える 意識・行動

□ 仕事や職場で問題を感じても見て見ぬふりをし、何も行動しない
□ できない理由を並べて、できることを探そうとしない
□ すでに関係性のある人とだけつき合い、対人関係を広げようとしない

トランジションの出口のサイン

□ 関係者の話を、意図も含めて理解できる
□ 関係者と話すときに自分の意図を盛り込める
□ 言われたままやるだけでなく、自分の意見も混ぜながら仕事を進められる
□ 仕事の進め方の道筋が見えるようになってくる
□ 自分で解決できなくても、誰に聞けばいいかが分かってくる
□ 何か問題が起きたときに、焦るだけでなく、冷静に対処を考えられる
□ 自分の意見を持って他の人と議論ができるようになる
□ 上司や先輩に「安心して見ていられるようになった」「後輩に○○を教えてあげて」と言われる
□ 他部署から自分宛に問い合わせが入る

プレイヤー（Player／ひとり立ち）

任された仕事を一つひとつやりきりながら、力を高めるステージ

- 周囲の指導を仰ぎながら、任された仕事に責任を持って、最後までやりきる
- 相談できる関係者を増やし、円滑に業務を進める
- 自分の意見や仕事の状況を率直に伝え、得たアドバイスを業務に活かす
- 未経験の仕事に取り組んだり、接点の少なかった相手と関わることで仕事の領域を広げる
- 教えられたことを覚えるとともに、少しずつ自分で考えた工夫を試す

トランジションの入口のサイン

□ 後輩が入り、一番下の立場ではなくなる
□ 後輩の見本になるようにと言われる
□ 自分の担当業務を持つ
□ 他部署や社外との接点が増える
□ 他部署の協力を仰がないとできないと感じる
□ 先輩の仕事を引き継ぐ
□ 自分の意見や考えを持つことを求められる
□ 関係者が増える
□ 明確な業績目標を与えられる
□ 仕事に対して関係者から様々な意見を言われる

トランジションを促進させる周囲の関わり

ステージ入口

□ ステージ転換を要望する
▶「今までの3倍は頑張らないとね」と真顔で言う

アサイン

□ 任せる仕事への期待や要望を伝えて背中を押す
▶（前任の先輩の異動の後で）「頼りにしているから頑張れよ」

仕事の遂行過程

□「やってみる、行動してみる」ように仕向ける、自分で考えさせる、調べさせる
▶ 本人の「こうしたらいいのでは」という発言に対し「じゃあ、自分でやっちゃえば」と背中を押す
▶ 本人が安易に相談しにきたときは、知っていても教えず、自分で調べさせる

仕事の遂行過程

□ 報連相の徹底を促す、事実と判断の根拠を求める
□ 仕事の基準を伝える、担当者としての責任を持たせる
□ 職場全体で一緒に考える、詳しい人やキーパーソンを紹介する、次の機会にチャレンジしようという動機づけをする

ステージ出口

□ 振り返りを行い、できるようになったことや結果が出たことについて認める、ほめる
▶「任せられるようになって助かっているよ」
▶「こいつはこんなことができるんだよ」と他の関係者に伝えてあげる

トランジションを促進させる体験

- □ 複雑で困難な業務において、PDSを繰り返し、専門性と自信を高める
  - ▶ 様々な業務を経て、視野の広がりを獲得する
- □ 顧客や関係者の矢面に立ち、協力を引き出して、動かす
  - ▶ 自分だけでは対処できない事態に直面して、相手の力を見込んで協力を取りつける
- □ 苦労しながらやり遂げた仕事が周囲や顧客から評価される、感謝される
  - ▶ 仕事についての誇りや持論が形成される
- □ 後輩を指導しながら、課題解決をともに進める
  - ▶ 他者の成長に貢献する経験を積む

トランジションの核心となる意識・行動

伸ばす 意識・行動

- □ 関係者に自ら働きかけ、協力を引き出せる関係性を築く
- □ 担当業務に対する自負を持つ
- □ 担当業務の達成状態や、そこに至る道筋を自ら描く
- □ 後輩の状況に気を配り、関わろうとする

抑える 意識・行動

- □ 難しい業務の判断は、自分で考えず、誰かにしてもらおうとする
- □ 全部自分一人の力で何とかしようと抱え込む
- □ 関係者やチームワークに気を配らず、自分の仕事ばかりに没頭する

トランジションの出口のサイン

- □ 担当分野について自分の考えを持ち、いろいろな角度から語れる
- □ 好き嫌い、得意不得意にかかわらず、必要な行動をタイムリーに取れている
- □ 相手の反応が予測できるようになり、それを見越して行動できる
- □ 自分なりに仕事を捉える枠組みができている
- □ 業務が増える中でも、全体や先のことを見て段取りをつけられる
- □ 自分が関わった後輩が成長することに喜びを感じる
- □ 自分の発言や行動が、上司の意思決定や関係者に影響を与えることの重みを自覚する

メインプレイヤー（Main Player／一人前）

創意工夫を凝らしながら、自らの目標を達成するステージ

- 自らの目標を達成することで、組織業績に貢献する
- 様々な経験を通じて業務に精通し、専門性を高めて業務に活かす
- 業務遂行のための道筋や段取り、巻き込む相手を自ら中心となってデザインする
- 自分より経験の浅いメンバーの相談に乗る、面倒を見る
- 既存のノウハウを使って自分の仕事に創意工夫を加え、周囲とも共有する

トランジションの入口のサイン

□ 仕事の量が一段と増える
□ 複雑かつ関係者の多い業務を任され始める
□ 職場の戦力、一人前として見られる
□ 重要な業務（案件や顧客）を引き継ぐ・任される
□ ある業務の主担当を任されて、社内外の関係者から直接問い合わせが来る
□ 他部署にも名前を知られる
□ 上司や先輩から細かく指示されなくなる
□ 上司から意見を求められる
□ 後輩からアドバイスを求められる
□ 工夫した取り組みを周囲のメンバーにも共有するよう言われる
□ 後輩にとっての手本になることを求められる

トランジションを促進させる周囲の関わり

ステージ入口

□ 独力でやり遂げることが難しい質量の仕事を割り当てる
▶「お前が中心になって、この仕事を進めてくれ」

アサイン

□ 任せた仕事は高いレベルを満たすよう要望し続ける、アドバイスはしても直接手を出すことはしない
▶「あの件、どうなってるの？ お前が決めなきゃ進まないよ」

仕事の遂行過程

□ 日頃から声をかけ抱え込みの状況を把握しておく
□ 仕事に対する考え方や持論を語り合う（仕事の捉え方、意味や価値を見直させる）

ステージ出口

□ 創意工夫をほめるとともに、職場内外に共有させる
▶「みんなもこの仕事はよく見習ったほうがいいぞ」

トランジションを促進させる体験

□ 上司の代行業務や、職場の代表としての担当業務を持つことを通じて、職場全体を見る視野や職場を代表する意識を持つ
▶ 上司の代わりに上位者の集まる会議に出席する
▶ 上司の代わりにメンバーの顧客にお詫びに伺う
▶ 緊急時に判断をして指示を出す ▶組織横断の取り組みで、課の代表を担う
▶ 課の数字の取りまとめや計画立案を任される
▶ 本部からの伝達事項をメンバーに伝える役になる

□ 自分一人ではこなしきれない仕事、関係者の多い仕事を担い、人を動かして仕事をせざるを得 ない状況になる
▶ 自分一人では納期・品質を守れない仕事に後輩と一緒に取り組む
▶ 後輩に丸投げして失敗する、指示どおり動かない、品質が上がらない

□ メンバーの育成について上司とともに考え、メンバーに関わる
▶ あるメンバーの育成担当者や職場全体の育成担当者に任命される
▶ 上司と一緒に各メンバーをどう育てるか検討する

□ コミュニケーションを通じたメンバーの関係性構築の重要性に気づく
▶ 上司と若手メンバーの意見の相違に板ばさみにあう
▶ ベテランメンバーの理解を得られず強い抵抗にあう

トランジションの核心となる意識・行動

伸ばす 意識・行動
□ 課やチームが最大の成果を上げるために、今自分が最もやるべきことは何かを考える
□ 自分でなくても他のメンバーができるよう指導する
□ 上司や目上の相手にも、現場の目線から率直 に意見を主張する
□ メンバーの持ち味や状況をつかみ、メンバー同士の関係性を作る

抑える 意識・行動
□ 他のメンバーや組織に対して関心を持たず、自分の担当業務に没頭する
□ 他のメンバーを動かすよりも、自分で直接手を動かすことで仕事をこなす
□ 仕事や組織に対する不平不満、愚痴を他のメンバーの前であらわにする

トランジションの出口のサイン

□ 自分のことよりも他のメンバーや組織の業績に関心が向くようになる
□ 関係者の多い仕事でも、仕事が滞らない
□ 他のメンバーからは言いにくいことを、メンバーを代表する意識で上司に伝えられるようになる
□ 上司の方針とメンバーの言い分の溝を何とか解決しようとしている自分に気づく
□ 職場のことについて、上司の考えを踏まえて自分で判断したり指示を出せるようになる
□ メンバーの状況について上司よりも自分のほうが詳しいと思えるようになる
□ 後輩への指示の出し方をいろいろ試しているうちに、思い描いたとおり動いてもらえるようになる
□ 指導している後輩の成長を感じた、後輩がよい評価をされたことを嬉しく思う
□ 責任を負うことへの抵抗感が薄れてくる

リーディングプレイヤー (Leading Player／主力)

組織業績と周囲のメンバーを牽引するステージ

・高い個人目標を達成することで、組織業績を牽引する
・組織の運営方針や取り組みについて、上司に現場の情報を伝え、意見を交わす
・組織の運営方針や取り組み内容の意図をつかみ、メンバー目線から周囲に伝え、浸透させる
・指示や指導を通じて、メンバーの力を高めながら仕事を前に進める
・業務の効率や効果を高めるために、メンバー同士の交流を図ることで関係性を強化する

トランジションの入口のサイン

□「主任·係長·代理・リーダー・チーフ」などの肩書きがつく、座席が上司と近い位置になる
□ リーダー的な立場の仕事を与えられる
□ 自分の担当業務外のことについても同僚や後輩からの相談が増える
□ メンバーから判断を求められるようになる
□ 部署横断プロジェクトや関係者の多い仕事をアサインされる
□ 他部署から「チームとしての考え、方針」はどうなのかを聞かれる
□ 上司に予算や人的リソースの配分を求める場面が生まれる
□ 上位者の出席する会議に参加を求められる
□ 上司から組織の方針や目標、メンバーの割り当てや計画について意見を求められる
□ 上司からメンバーの状況や、人事評価に向けた参考情報を聞かれる

トランジションを促進させる周囲の関わり

ステージ入口

□ ステージ転換を要望する
▶「一緒にこのグループを盛り上げていこう」「課長代理になったのに意識が足りない!」

アサイン

□ 職場やプロジェクトのリーダーに任命する、チームを代表する仕事やまとめ役を任せる、対外部署に対して職場の代表として発言させる場を作る、仕事を任せギリギリまで口をはさまない
▶「君はもうこういう立場なんだから。すぐにできるかどうか分からないけど、ここは任せたよ」

□ 指導する対象の後輩をつける
□ 職場の方針や目標、仕事の割り当てや計画を一緒に考えさせる、目標の中に組織や職場全体に関わる内容を加える

仕事の遂行過程

□ 自分で手を動かそうとすることを注意する
▶「自分でやるな。○○さん(後輩)ができるようにしろ」「自分の後任を育てろ」

□ チームの成果を重視することを示す、メンバーの指導上の留意点について一緒に話し合う

仕事の結果場面

□ 本人が直接手を動かして上げた成果よりも、メンバーを動かして上げた成果をほめる

ステージ出口

□ ステージ転換したことを伝える、将来のキャリアに対する期待を伝える
▶「さらに次のステージを想定して行動しなさい。今のステージに満足するなよ」

トランジションを促進させる体験

- □ 部下を育てざるを得ない環境に置かれる
  - ▶ 質量とも大きい仕事が回らずに追い詰められる
- □ 自組織の方針を上司や経営層と議論して決める
  - ▶ 選択肢を考えるだけでなく、実際にどれでいくのかを決め、その方向に沿って動かす
  - ▶ 上位方針として下りてくるものだけでなく、方向について上にも提言する
- □ 自分で判断したことが上司や経営層には通らず、突き返される
- □ 部下の評価をする、評価結果をフィードバックする
  - ▶「育てるとか評価するとかは頭では分かっていても、実際に評価をするとその責任の重さを実感する」
- □ 組織の代表という立場での会議参加や意思決定を求められる
  - ▶ 組織の代表者として会議のその場で意思決定をしたり、発言が代表として周りに受け取られる
- □ 部下に任せる、気づかせようとするがうまくいかない
  - ▶ 部下に説明して任せたが部下が誤解して進めていた
  - ▶ 部下に「これはこうだ」とばかり言っていたら部下が何も意見しなくなった。言わなくなった
- □ 業績が上がった・成果が出た
- □ 以前のステージでの経験を思い出す
  - ▶ スターターやプレイヤー時代に、先輩から育てられた体験があり、「今後は自分が育成する番」という意識につながっている

トランジションの核心となる意識・行動

伸ばす 意識・行動

- □ 部下の動き、仕事や職場の状況から顧客の状況まで目を配り、よく見る
- □ 部下が自分で考えて動けるように、気づきを与えていく
- □ 嫌われることをいとわず、部下に対峙し、要望する
- □ マネジャーとしての芯を持ち、ぶらさずに判断する
- □ 経営側であるという意識のもと、自らの影響力を自覚しながら、個人に接する・組織を形作る
- □ 仕事のプロセスや結果の中から、改善や変革につながるテーマを見出す

抑える 意識・行動

- □ 自分で手を下すプレイヤーであり続けようとする
- □ 部下に対して、細かいところを含めすべてを自分の指示命令で動かそうとする
- □ 自分の経験則や考え方にこだわり、他の考えや価値観を受け入れない（自分のやり方の方が質が高い・すべてを分かっているというおごり）
- □ 日々の仕事を回すことだけに関心が向き、人として部下を見ない

トランジションの出口のサイン

- □ 組織としての成果（目標達成・取り組みが進む）が出てくる
- □ 部下の成長を実感する（言わなくても動く、楽しそうに仕事をしている、協力して仕事をしている、成果を出す、など）
- □ 部下に口を出さない・先に言わないといった我慢ができるようになる
- □ 部下の成長を喜べる
- □ 作りたい・目指したい組織像を描ける
- □ 上司への通し方や説得の仕方などの勘所が分かってくる
- □ 上司から自組織の成果を認められる
- □ 部下のよい評判を、自組織外から聞く

マネジャー（Manager／マネジメント）

個人と集団に働きかけて、組織業績を達成しながら変革を推進していくステージ

・自らも担当業務は持つものの、部下を通して組織業績を達成する
・自組織の方針や目標を定め、その目標実現に向けて業務が前に進むように最適な判断を行う
・部下一人ひとりの育成責任を負い、業務アサイン・日常の関わりを通して、部下の成長を図っていく
・部下同士が切磋琢磨・協働しながら成果を出していける関係性を組織内に作っていく
・他部署や社外と関係を作り、自部署との連携を促進する
・上位方針に基づく変革テーマを推進するだけでなく、現場にある変革の種を見出し、新たな変革テーマを提言していく

トランジションの入口のサイン

- □ 組織の責任者になり、肩書きがつく
- □ 組織目標を持つようになる
- □ 部下ができる
- □「人を育てることが仕事」と言われるようになる
- □ 人事評価権を持つようになる
- □ 非組合員となる
- □ 組織の目標や方針を策定したり、上位組織の方針策定に参画するようになる
- □ 社内外の関係者が、こちらを意思決定者と見てくるようになる
- □ 従来は気軽に相談してきた人が、遠慮して自分ではなく部下に相談するようになる
- □ 今までは関係のなかった人が相談に来るようになる
- □ 人前で話す機会が増える
- □ 部下が自分に言うことと、同僚に言うことが、違うようになる（本音を言わなくなる）
- □ 上位者が出席するような会議に参加する機会ができる
- □ 組織の管理業務（労務管理・コンプライアンス管理・予算管理など）が発生する

トランジションを促進させる周囲の関わり

□ ダイレクターやビジネスオフィサーから背中を押す・任せる・期待する関わり
▶ 取り組もうとすることに対して人や予算をつけて支援する
▶ 意思決定に対して「よし分かった。任せた。責任は私が取る」
▶「君らの世代がこれからの会社を引っ張っていくんだ」
▶「自分の成果として頑張ろうと思うな。メンバーを育てて活かすんだ」

□ 同じマネジャー同士で交流する
▶ 先輩マネジャーから「そんなに全部自分でやろうとするのは無理だぞ」と言われる
▶ ちょっと調子に乗っていたら先輩マネジャーから「お前ちょっと調子に乗っているぞ」と言われる
▶ マネジャー同士、お互いの苦労話を語り合う

□ エキスパートやリーディングプレイヤーから、協力やフィードバックをもらう
▶ 専門畑が長く知恵袋的な人から教わる・助けてもらう
▶（自分より経験の長いリーディングプレイヤーから）「お前の言うとおりにする。何でも言ってくれ。協力するよ」と言われる

□ 部下の声・反応を受ける
▶ 部下から「信頼してます」「頼りにしています」と言われた

□ 尊敬する人（かつての上司のことが多い）から影響を受ける
▶「自分も嫌になったことがあるが、コツコツやれば成果も出るし、必ず報われるよ」

［著者略歴］

山田直人（やまだ・なおひと）

株式会社リクルートマネジメントソリューションズ 研究員。早稲田大学理工学部経営システム工学科卒業。新人・若手社員教育からマネジメント教育まで、多数の社会人向けトレーニングプログラム開発に従事。近年では、トランジション・デザイン・モデルの開発や、研修効果を高め受講者の職場実践を促進する研究およびサービス開発に携わる。人材育成学会論文発表「企業における役割転換の促進要因と転換内容に関する研究」。

木越智彰（きこし・ともあき）

株式会社リクルートマネジメントソリューションズ 研究員。京都大学文学部人文学科卒業。ビジネス系出版社にて書籍の編集・企画業務に携わった後、リクルートマネジメントソリューションズに入社。新人・若手向けを中心とした研修サービスの開発および、中堅中小企業向け研修サービス「リクルートラーニングクラブ」のサービス立ち上げ、外国人従業員の受け入れ・定着支援に携わる。

本杉健（もとすぎ・たけし）

株式会社リクルートマネジメントソリューションズ マネジャー兼主任研究員。一橋大学社会学部卒業。専攻は組織論。自動車、電機、通信、鉄道、銀行などの業界の企業にHRMソリューションサービスを提供してきた。従業員意識調査、360度フィードバックなどのアセスメント、企業バリュー浸透策、マネジメント研修の企画を経て現職。現在は、企業における役割転換の調査・研究に携わる。

株式会社リクルートマネジメントソリューションズ

人と組織にかかわる広範な領域で、経営戦略に必要な能力を持った人材の育成、顧客接点に携わる人材と組織の強化、さらには企業が抱える組織運営上の課題まで、「アセスメント」「トレーニング」「コンサルティング」「カウンセリング」などの手法を用いて解決に導く。

部下育成の教科書

2012年３月８日　第１刷発行

著　者――――山田直人、木越智彰、本杉健
発行所――――ダイヤモンド社
〒150-8409　東京都渋谷区神宮前6-12-17
http://www.diamond.co.jp/
電話／03･5778･7236（編集）　03･5778･7240（販売）
カバー・本文デザイン―華本達哉
製作進行――――ダイヤモンド・グラフィック社
印刷――――堀内印刷所（本文）・慶昌堂印刷（カバー）
製本――――本間製本
編集担当――――和田史子

ISBN 978-4-478-02044-9